印度神邏輯

中國駐印度新德里女記者
塵雪 著

快與慢、尊與卑、苦與樂，這裡都有專屬的邏輯
不是遊記，是一段意外改變人生觀的臥底觀察。

CONTENTS

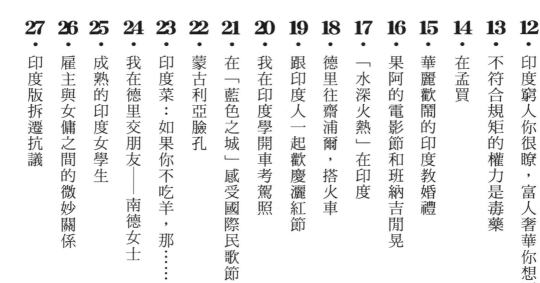

第2部分

走遍印度，「看人」

CONTENTS

推薦序

為相同的印度文化感動

《嫁到印度當人妻：為愛忍下去！》作者／印度NG人七

當出版社找我寫推薦序時，我受寵若驚，點頭如搗蒜的連聲答應。等一鼓作氣將雙手放在鍵盤那刻才發現：我沒寫過推薦序啊！怎麼寫？是要敘述作者的豐功偉業，還是說我一口氣看完這本書還意猶未盡？

其實久聞作者塵雪的大名，如果你在網路上搜尋關於印度的書籍，這本書必在推薦名單，沒想到現在臺灣讀者也有幸閱讀這本書，可喜可賀。我不認識她，她當然也不認識我，我們只是碰巧去了同一座城市，呼吸過同樣被汙染的空氣，可能被同一群乞丐騙過，為相同的印度文化感動。推薦序聽起來過於沉重，姑且說是告訴你為什麼要買這本書。

閱讀別人的故事，就像靠著窗戶、偷看別人家吃的晚飯，實際卻不真實，尤其看太久還會肚子餓。

「我被這些偏見壓著，但隨後在印度的生活歲月裡，用力掙脫它們。」書中這句話像丘比特的箭般刺中我。雖然看待印度最好不帶偏見，但做得到的人卻寥寥無幾。在印度當下，對太多事情易咬牙切齒、憤恨不平。這本書讓我想起很多我以為早已忘記的事。

婆家附近有個回收場，被一道牆遮住，偶然從欄杆縫瞥一眼，看到網球場大、三層樓深的洞，堆滿垃圾。一牆之隔，兩個世界。一群孩子在旁嬉鬧撿垃圾，大的帶著小的，小的抱著更小的。撿了能用的就拿去賣，還能吃的就帶回家，說不定還能找到幾件衣服過冬。我曾以為他們過得不快樂，撿垃圾怎麼會快樂？這個國家怎麼能這麼不公平？

這群孩子除了撿垃圾，有空也乞討、騙點錢來花花，令人深惡痛絕。如果我的厭惡感是把錘子，他們的頭應該都是扁的。

孩子們靠撿垃圾賺了點小錢，夏天開始賣烤玉米，似乎又存了點錢，幾個月不見，居然賣起蔬菜捲餅，兒子俐落的翻炒高麗菜，媽媽跟弟弟手腳迅速的包蔬菜捲，客人絡繹不絕。過幾年，我看到他們的弟弟上學了，哥哥、姊姊越長越大，小弟弟、小妹妹就在攤子旁邊點煤油燈寫作業，順便打蚊子。

這只是他們的生活方式，對與錯都不是我這個外人能評判的。這樣的事見多了，我自己也能簡單總結。如果旅程的風景如此單一，那這個國家該有多無趣。印度美就美在其不可確定性，許多我們習以為常的東西，對部分印度人來說卻是極大的奢侈，有人說從印度回來後，對於身邊的一切產生極大的感恩之心。沒有衝擊，便沒有思考，對一個國家的刻板印象太僵化，會影響看事情的眼光，心中有了是非，便有了喜悲。

如果你的印度旅程在即，想從外界窺探幾分，這本書將是你的最佳首選。但千萬小心了，看完這本書，將可能陷入印度的魅力中無法自拔，就像我下午踩到的口香糖一樣。

自序
空氣中瀰漫著物質世界缺失的……

英國印度裔作家奈波爾（V. S. Naipaul）的朋友曾批評道：「西方人寫了太多對印度充滿偏見的書，這不公平。」於是奈波爾決定探訪，並客觀的書寫外祖父所屬的這個國度。而我，有著和奈波爾相似的寫作動機。

初來印度時，我跟大多數人一樣，對印度的認識少得可憐，對當代「天竺國」的真實情況很不了解，了解到的也大都是充滿偏見且片面的。有時候，媒體甚至成為誤導的罪魁禍首，特別是那些充滿偏見、自以為是的議題設定者。駐印的記者也常被中國編輯發過來的一些有刻板印象的約稿，弄得哭笑不得。

不僅是工作，在生活方面，在印度待得越久，就發現外國人對印度的誤解越大。

我覺得，當你面對陌生的環境時，最好不帶任何成見、用白紙般的心態，以人類最友好、最善意的一面，來迎接和審視這個多元而複雜的世界。然而，我帶著從書本和中國人口中，間接習得的滿滿偏見來到這裡，但作為一個秉承「客觀公正」原則、有著新聞熱忱的記者，我費了好大的勁兒，才撥開這些偏見與無知編織成的藩籬，例如印度髒亂、印度「阿三」小氣、不可靠、無可救藥等。

印度雖不太受中國人關注，但並非一無是處。攝影師嚴明語曾說：「那些關乎靈魂又不掙錢的事，都會顯得生態不良或像在鋌而走險，安貧樂道的風骨氣韻，總脫不了些許狼狽與失態。」在印度，關於靈魂、精神、宗教與信仰的事，卻顯得那麼正常且司空見慣，空氣中彌漫著物質世界缺失的輕靈與充實。當大城市裡的人為金錢與物質疲於奔命時，印度人更能甘於清貧，看來他們的平均幸福指數顯然比我們高。

當我再次回到故土時，我備感不適應，在失落的環境下，竟也懷念起印度的好。我想念在印度的生活細節。

我喜歡看印度電影，無論是寶萊塢（以孟買為中心的印地語電影的代稱）光鮮豔麗的絕世愛戀，或殘酷真實的紀錄片等；我喜歡聽印度歌曲，無論是寶萊塢的勁歌熱舞，或民族音樂與冥想、瑜伽樂曲等。我想念印度的自由、無規則、趣味、熱情浪漫和懶散、節奏慢，像生機勃勃的野草；想念在那裡受到「物以稀為貴」般的注意力、甚至優待，例如社區警衛主動熱情打招呼的那句：「Hello, Madam!」（妳好，女士！）印度人對我的稱讚，時常迴盪在耳邊。

修身養性的人總說，當我們設身處地的經歷到他人的經歷，我們和對方的心就能連結，溝通便不再有障礙。經歷本身就是一種成長、一種學習。印度給予我的就是這種寶貴經驗。

我親身接觸、了解和認識印度的過程，是一個解惑、去除偏見和消除無知的過程。而我是多麼希望能跟大家分享這個過程，因為我們對印度存在太多的不理解。

義大利符號學者、作家安伯托．艾可（Umberto Eco）說：「只有在如今現代世界，我們才有機會相互接觸、進而相互理解，並非要我們的想法一致，而是要理解不同之處。不要跟孩子說謊，說我們人人平等。實際上，我們不是平等的、我們是不同的。只有相互理解，即使達不到世界和平，也能讓發生戰爭的機率少一些。」各國人民與印度之間也需要相互諒解，理解各自的不同之處。

第1部分

印度和你想的不一樣

1·印度，比想像的好

好像做夢般，我已經在印度首都新德里度過了一個夜晚。因為北京時差比新德里早兩個半小時，二〇一二年六月九日早上六點，我就自然醒了。窗外鳥兒叫，掀開窗簾一角，對面人家的樓頂站著人。移步桌前，我開始回憶起初來到南亞次大陸的每一幕。

臨行前，在北京市衛生防疫站，植入一堆熱帶病疫苗。二〇一二年六月八日下午三點四十五分，我與同事從北京首都機場出發，飛往上海浦東機場轉機，等候三小時後，終於順利出關，坐上前往新德里的航班。飛機上大部分是印度人，其中不少都是擁有雅利安人種①，那樣稜角分明的五官、巧克力膚色的印度人。我無視那些看我的印度男人的目光，倒是我旁邊的四個日本帥哥，是整個航班中看起來最歡樂的，他們不僅熱情的幫我們拍照，還在看電影時因為笑太大聲，引起大家關注。

經歷六個半小時的飛行後，我終於在當地時間六月九日凌晨一點三十分（北京時間同日凌晨四點），到達新德里英迪拉·甘地國際機場，窗外的飛機燈火還算璀璨，雖然無法跟北京的夜景相比，但至少不是想像中的燈火暗淡與人煙稀少。進入機場更是覺得富麗堂皇，頗具印度風情的彩色壁畫、雙語指示牌（英語與印地語），和形形色色的印度人映入眼簾，他們濃重的體味同樣提醒著你：「歡迎來到印度！」

或許是舉行過「金磚國家峰會」帶來的中印友好印象，或是我對印度不夠了解，加上無知引發的庸人自擾使然，令我出乎意料的是，我們入境的過程異常順利，本以為我們帶的行李太多，會遭到印度海關刁難，還得損失些美元來賄賂他們，但我們取了近十件行李後，竟然順利的走出機場。在出口，我們還試圖幫助兩位中國人，他們被海關攔下來，因為印度人不知道什麼是「口服液」，我們便用通俗易懂的英語解釋說：「喝的東西，有營養的。」印度人還是半信半疑。

出了機場，一股跟我的家鄉「火爐」武漢一樣熟悉的熱浪迎面撲來。先前同伴們都幸災樂禍的告誡我：穿五分褲露出大半截白腿，會被新德里猖獗的蚊子圍攻，可是出去後我**連一隻蚊子的影子都沒見到，穿短褲反而更涼快**。

凌晨兩點左右，我們被接到辦公室所在的社區，因為辦公室臨時住不下所有人，我被安排在社區附近的桑蒂普假日旅館（Sundeep Holiday Inn）暫住十天。還好，我對髒亂的容忍度比較高，雖然我在白色床單上看到了汙漬，還有一股難聞的味道，但我不在

①雅利安人，又譯作亞利安人，原是中亞的一個古老遊牧民族，後來逐漸南遷征服南亞次大陸，和當地人融合成今天體徵獨特的南亞次大陸人。

意，而且高興的發現房間裡不僅有乾淨的熱水，還有衛生紙——並不像有些人說印度人都不用衛生紙那樣，此後我更是發現，在稍微高檔一點的酒店廁所裡，都備有衛生紙或盥洗用具。

旅館房間裡，轟隆隆的老舊電扇和空調聲讓我難以入眠，害我得數次起來喝水、上廁所，最終，疲憊困頓的身體還是向睡神投降。

早上八點，急促的門鈴聲響起，印度服務生殷勤的送來當地主流英文報紙《印度時報》。我讀到一篇評論文章，恰好與我要表達的意思契合：外國人總說印度是最危險的國家，某前任英國駐印度大使甚至寫了一本《印度旅遊指南》的書，但文章作者認為，不如叫這本書《不到印度旅遊指南》更恰當。同樣的，部分中國人也總是覺得，印度是最危險的地方，但從我目前的經歷來看，印度似乎沒有想像中的那麼落後和危險，它一開始就向我炫耀，其引以為豪的民主制度。

不過，來印度的第一個月，這個國家就給我來一個「下馬威」：嚴重的水土不服讓我在這一個月裡上吐下瀉，還有嚴重的咳嗽、大把大把的掉頭髮。

新德里的著名景點胡馬雍陵（Mausoleum of Humayun）。
印度第一座花園陵寢，結合印度教與伊斯蘭教的風格。

羅迪公園（Lodi Garden）。名叫公園，卻也是陵寢。

懷抱白紙般的心態

剛來印度，好奇心驅使我在週末，花大把時間來探索印度。像是新德里著名的景點古達明納塔（Qutub Minar）、羅迪公園、胡馬雍陵和蓮花寺（Lotus Temple）等旅遊景點，而一些當地人愛去的平價市場，當然不容錯過。或許是每天攝氏四十幾度的高溫，玩耍也變得不堪忍受。

此外，新德里的夜晚也沒什麼可供選擇的娛樂。過來人告誡單身的我，晚上宅在家裡最安全。孤單一人漂泊在外，我在這個國家舉目無親，想著以後兩年的日子都要這樣過，淡淡的憂傷便開始籠罩著我。因新德里的治安不太好，我被限制在住處，晚上不能單獨外出，因此更不能很快融入印度人的生活。

還好，熟悉了一些情況後，我偶爾可以跟中國男同事外出。有一天，我們去新德里北郊一處住宅區。擁擠而破敗的住宅區中心，有一座香火興旺的藏傳佛教寺院，老人懶散的坐在佛寺旁邊，透露出來自二十世紀的緩慢和陳舊，時間彷彿停止了。一位老婦人絲毫不顧炎熱的天氣，專注而虔誠的點燃一盞盞酥油燈。

即使物質條件差，但人們的眼裡並沒有太多的欲望。儘管我戴著有色眼鏡、懷著謹慎的擔憂來到這裡，但他們似乎並不像我，而是僅以一個打量旅遊者的眼神，笑著或看著我。我會朝他們微笑，或者給乞討的小女孩五盧比（約新臺幣二．二元）的硬幣（這是我來印度後的第一次施捨）。我覺得，當你面對陌生環境時，最好用不帶任何成見、如白紙般的心態，以人類最友好、最善意的一面，來迎接和審視這個多元複雜的世界。

然而，我做得並不好。我佩服寫出《江城》（*River Town*）一書的美國作家彼得．海斯勒（Peter Hessler，漢名何偉），他深入中國人內心的勇氣和熱誠，讓我自愧不如。相比之下，初來印度，我覺得自己還是一個旁觀者。這個心態主要來自於諸多外界限制，最根本的原因是，我抱持著中國人對印度人的偏見來到此地，認為印度人斤斤計較、容易小心眼、記仇、太貪婪、愛占外國人便宜，對外國人的喊價永遠要高得多。

我被告知印度騙子多、強姦案頻繁、治安不好，所以我不喜歡被印度男人盯著看，覺得他們的眼神中沒有友好，是一種說不清楚的神情。而即使是那些對我報以友好表情的諂媚者，我也總覺得他們不懷好意——想要索取小費和額外的好處。

我被這些偏見壓著，但隨後在印度的生活歲月裡，用力掙脫它們。

2・那些細節，有意思

初來印度，我睜大好奇的雙眼，發現不少有意思的細節。

收錢的儀式

印度人日常生活中的點滴，都展現出宗教儀式感，例如，二〇一二年七月一日我去辦理外國人居留證。印度法律規定，外國人到印度後必須在三十天內，辦理外國人居留證。當天我在路邊買了一瓶水，**賣水的小販收到錢後，拿著錢比劃著一些動作**並默默禱告，似乎對金錢表示敬畏，又像是對神的賜予表示感謝，這顯示了他們頗具宗教意味的金錢觀。我發現很多印度小販與生意人，都會有這樣一個收錢的儀式。

兩極矛盾體

印度真是一個極端矛盾的國家。這裡貧富差距太大，有居無定所的乞丐、流浪者，也有開跑車炫富的時髦年輕人。印度男人對外國女人的態度也很兩極化，有一部分傲慢的菁英階層懶得理妳、冷漠對妳；而另一部分普通的印度男人，就甜言蜜語的恭維妳。又例如，印度人說話、跳舞和開車都挺快的，可是辦事效率卻很低、時間觀念很差，這種快與慢的矛盾十分明顯。

印度經濟在夜間成長

在印度民眾的日常生活中，私人對社會公共建設的作為，甚至大於政府的作為。一日傍晚，在吃過晚飯後，我前往住處對面的小公園散步。一位印度婦女帶著她的孫子和保母來玩，一見面就熱情的跟我打招呼，她的孫子也跟我說：「嗨！」她立即大笑說：「他每次見到漂亮的女士都主動打招呼，哈哈！」她還告訴我，她丈夫花錢買鮮花、樹木，裝飾了這個公園，「不為別的，只是他太喜歡小孩子，所以希望他們能在漂亮的公園裡玩。」我立馬問：「那妳丈夫是幫政府工作？」她不置可否。看我多麼慣性思維，因為在中國，大部分公共公園只由政府或社區等機構修建，而在這裡，私人力量成為修建公共基礎設施的主力。

正如印度著名專欄作家古沙蘭．達斯（Gurcharan Das）所著的《印度在夜間增長》一書中所說，印度聯邦中央政府在公眾設施方面根本沒投資，而私人——特別是富人——

憑藉個人力量，為社區提供基礎建設，印度的經濟成長靠著約八〇%的私人公司支撐，而中國的私人公司在國民經濟中只占二〇%。所以達斯才說：「印度的經濟在政府部門不工作的夜間成長。」

新德里買豬肉不易

由於印度教徒和穆斯林占總印度人口主體，他們都不吃豬肉，因此我和中國同事這些「肉食動物」，很難在這裡買到乾淨且新鮮的豬肉。從自己動手做飯的第一天起，買豬肉就成了一個難題。

某個週末，在印度待了近十年的朋友，帶我們去古爾岡（Gurgaon）郊外的法國農場，主人是一名娶了印度妻子的前法國外交官。他人很好，頗健談。他告訴我們，他農場裡的雞、鴨、火雞、豬和鵪鶉等，都是從國外進口的「種子」，有的還是運用高科技冷凍精子培育，貨真價實的有機和天然。我們驚喜的發現，他還設立了購物網站，在新德里地區能送貨上門，我馬上訂了一些食品。因為是農場養殖的，價格實在很貴，於是又開始尋找其他性價比高一些的豬肉。

不久後，透過中國朋友得知，在新德里市中心喬巴格市場（Jor Bagh Market），有一家品質不錯的豬肉店（PIGPO），它自然成為在印度的外國人，特別是食肉人群常光顧的地方。

然而，可能正是由於豬肉店在新德里的稀缺性，店主特別有個性，臉上總帶著一種傲慢的神情，讓我納悶他是不是瞧不起吃豬肉的人？店主要求購買豬肉者，得提前幾天打電話預訂，如果有貨了會通知顧客來買，否則只會白跑一趟。即使你明明看到店裡的冰箱裡有豬肉，但老闆也會淡定的告訴你，那是別人預訂的。如果你運氣好，或是店主的心情好，他可能會賣給你一些零碎的豬肉火腿或香腸。

一開始，我以為店主是針對吃豬肉的中國人才這麼傲慢，後來有一天，我看到一個英國人同樣被店主冷淡對待。該店入口的左側牆上，有一幅有些年頭的豬肉構造圖，該圖以圖文方式，標明豬肉的各個部位。當我們想拍下該圖仔細研究時，店主立刻制止：「不能拍照！」一個英國人想拍照也同樣被制止。或許，店主把這張圖看作鎮店之寶。

其實，預訂也有好處，那便是一旦有豬被宰，能保證新鮮的豬肉被快速售出，免得有存貨，導致豬肉放太久而不新鮮。由於當地需要豬肉的客群是少數，對於稀少物品，預訂是個好方法。

嫌錢少的，不是乞丐

在印度的街頭，總能見到一批遊走的、像吉普賽人一樣的乞討者。他們以街頭為居所，晚上睡在馬路邊，起床後將床墊、棉被擱置在路旁的樹上，在壅塞的馬路中，趁著車輛等紅燈的空檔，向車內的人乞討。

有時候，是一個衣著骯髒的母親，抱著可憐的孩童敲你的車窗；有時候，是一群孩子使出渾身解數來耍寶——翻筋斗、雜技、跳舞等來求施捨；還有的時候，是殘疾人士露出嚇人的身體缺陷，來博取同情。

很多中國人都不喜歡施捨，因為有些人認為大多數的乞討者，都是由幕後組織控制，其從事的是「專業」的乞討，特別是在印度熱門的旅遊地點，例如：孟買的印度門。如果你只給硬幣或十盧比（約新臺幣四．五元），乞討者還會嫌少，向你索取更多。所以，有經驗的人寧願給乞討者食物也不會給錢。給他一、兩個盧比的硬幣時，如果他笑逐顏開，我也會欣慰的認為自己給對了。**真正的乞討者，不在乎別人施捨多少**，你給予他，他便會感激。乞討者也是有地盤的，像我住所附近的一個小市場入口，長年有一對母子固定在那裡乞討，我通常不會給錢，而是將自己購買的食物分一些給他們。

靠沿街賣花為生的窮人。

馬路上乞討的小女孩，得到 1 盧比硬幣。

清晨的老德里，一對印度夫婦正艱辛的騎三輪車運青菜。

3・這裡有騙子。多嗎？

初來印度時，在印度生活、工作過多年的中國人總是勸我，這裡有很多騙人的事，不要輕易相信印度人。雖然我也見到不少印度年輕人，嘴巴像抹了蜜似的跟我說著甜言蜜語，但我還是想不帶任何成見的認識印度人。

一開始，我的運氣並不好，太容易相信人的我也吃過一些苦頭。

靜靜等候的三輪出租車司機

有一年，我去報導齋浦爾國際文學節。每天工作結束後當我要返回旅店時，總會有一個二十三歲的電動三輪車司機在等我。剛開始挺感動的，每天都坐這個印度司機的車回去。可是到後來，我發現他不停的推薦旅館、購物的地方給我，而且說得天花亂墜，什麼「種類多、價格便宜、品質好」等。在賣當地陶瓷的一家很有名的商店裡，他說要帶我去一個更便宜的地方，所以我信了他，沒有在這家店買東西。後來，他推薦我一個物美價廉的首飾店，而我堅持要去我知道的一家當地知名的首飾店，他偏說「今天週日那裡關門了」，而實際上並沒有關門。後來他又說他認識很好的旅店，想換旅店的我這次又信了他，答應跟他一起去看看。抵達他所說的旅店後，我大失所望，也徹底清醒了，他不過是一名掮客，我要求他立刻送我回住處。後來，他可能也知道我生氣了，還是帶我前往我想去的那家旅店。之後，他再也沒有等過我了。

似乎很難百分百相信陌生的印度人，對他們太好只能被騙。我很理解在一個還在發展中國家的底層貧民，只能靠騙、靠小聰明來自力更生、弄點錢。

派女人去要債

跟朋友出去吃飯時，得知常去的位於新德里市中心的中國餐館，其一名中國廚師辭職了，據說跟印度老闆扣他的薪水有關。一位在印度工作多年的記者不禁嘆道，中國人在印度工作真不容易。印度人特別排外，看看加爾各答的唐人街裡，華人的慘澹生活，印度人看你幹得挺好的，忽然寄來一張繳稅通知，**說你這有問題、那有問題，反正就是想方設法的搞垮你**。一些中資企業的朋友也常抱怨，華人在印度做生意都賺不了什麼錢，因為印度人總是拿了貨後就拖著不付錢。但我聽到一個對付印度人賴帳的有趣「偏方」——派女人去要債，即使最後動手打起來、引來員警也不怕，因為根據印度當地的法律，男人打女人，被指控和處分的只能是男人，而且由女人決定是否起訴，這樣可以作為籌碼，要男人交錢便可不對他起訴。雖然不知真假，但覺得特別有意思。

旅遊達人的被騙經歷

如果你是一名外國旅遊者，更容易被騙子盯上，因為人生地不熟，被騙、被偷錢後很難找回來。我的中國朋友把一紮美元放在酒店房間的保險箱裡，本以為非常安全，但後來發現幾張美元不翼而飛。還有一位香港朋友來這裡玩，護照和錢包被偷了。一些旅遊者來印度旅遊後，總能分享一大堆自己被騙的經歷，例如：網路紅人「貓力」、「瘦肉」的經歷就很具代表性。

貓力說在印度，並非所有在路上向你搭訕的，都只是想問你喜不喜歡這裡。有的是想糊弄你去他店裡買東西、有的是讓你付導遊費給他、還有的是以神的名義讓你直接給錢。瘦肉有一次走在路上，跟人握了手，結果那人就拉住瘦肉，強制幫他做了一次全身按摩。**在印度這個國度行走，只要一出門就必須打起十二分精神**，你時常會碰到各路神仙，你要判定的就是眼前這位印度大神，到底是在騙你，或者在騙他自己。

在瓦拉納西的一個清晨，貓力和瘦肉起了個大早，準備去看恆河晨浴的人們。恆河沿岸有很多租船的服務，可以帶遊客乘船觀賞瓦拉納西日出的美景。市場價差不多每小

拉賈斯坦邦的駱駝商人招攬遊客騎駱駝，他可能建議你買下這駱駝旅行，騎到目的地再賣掉就行了。

時一百盧比（約新臺幣四十五元），他們按照這個價格和船夫談好後，就上了船。

一路上，貓力和瘦肉完全沉浸在這座聖城光芒的照耀下。三小時後，他們遞上三百盧比的租船費用，結果船夫卻索取四百盧比。為什麼？船夫一臉無辜的說：「這是我們的傳統，**在印度**，**一小時有四十五分鐘**，**一天分為三十六個小時**。」他們在那一瞬間竟然真的相信了，覺得入境隨俗，要尊重當地文化，就把錢付給船夫。上岸後，前方有座神廟，剛好掛了一個時鐘，他們發現鐘錶也是十二小時一圈，等反應過來，想再尋找那名印度船夫，卻早已不見蹤影。雖然多付了一百盧比不算什麼，但貓力卻為自己相信了這個無稽的笑話而感到羞恥。

此外，他們在拉賈斯坦邦的普斯赫卡爾（Pushkar）閒逛時，遇到一名駱駝商人先是纏住他們，要以一萬兩千盧比（約新臺幣五千多元）賣給他們一頭駱駝，在知道他們要去印度最西邊的賈沙梅爾（Jaisalmer）後，就建議可以買了駱駝，一路騎到那裡再賣掉，既賺錢又省旅費。

在印度兩年，我非常憎恨印度騙子。好在只有被騙錢財，我幸運的沒有遇到傷害身體、感情甚至理念的大騙子。但其實，騙子哪個國家都有，如果你旅行久了，就會發現小打小鬧的騙局，是旅途中一道道怡情而增添戲劇性的風景。

在普斯赫卡爾騎駱駝的外國遊客，不知道他買駱駝了嗎？

4・印度的摩登生活

說到當代印度的摩登生活，可能會讓外國人感覺不那麼新鮮，因為我們早已對此司空見慣。但印度的摩登生活，除了有跟全世界同步發展的地方，也有獨特之處。此外，我寫它的意義還在於，告訴大家一個發展中真實的當代印度。以我生活在印度首都新德里為例，這裡富裕的中產階級也過著摩登生活。這裡有方便且品牌眾多的購物中心、提供孩子遊戲的歡樂樂園、精品服飾店、時尚的酒吧、餐廳和咖啡館等。

備受印外顧客喜愛的印度特色服飾——紗麗

歷史學家賁中筠形容印度女子穿紗麗的美麗時，不禁引用了白居易的詩句：「繚綾繚綾何所似，不似羅綃與紈綺。應似天臺山上明月前，四十五尺瀑布泉。」還有人說：「如果泰戈爾的詩裡有最高超的理想主義，那麼紗麗裡就有女人最美麗的情懷。」

紗麗，無疑是人們心目中的印度國服。紗麗是印度婦女最愛穿、最具印度民族特色的一種女裝，印度婦女穿起紗麗來，婀娜、飄逸、雅致、美麗。紗麗其實是一塊長六至八公尺的現成衣料，穿著時下端緊緊纏在身體肚臍以下部分，上端披在肩上，也可裹在頭上。與紗麗配套穿的還有襯裙和緊身小上衣。**紗麗多為已婚女子所穿**，年輕姑娘每逢重大節日或有喜慶活動時也穿。

而**另一種常見的印度服裝是旁遮普服**，它也是一種套服，由卡米子、朱利達爾和杜巴爾達組成，**類似上衣、褲子和圍巾**。卡米子是自頸部以下長及膝蓋的長袍；朱利達爾是一種自膝蓋以下逐漸收緊的褲子，有人稱作「收腿褲」；杜巴爾達則是一種長約三公尺的圍巾，通常搭放在胸前，兩端分別垂於肩後。

這種套服原為旁遮普邦地區婦女最常穿的服裝，後來在其他地區也流行開來，成為僅次於紗麗的民族服裝。旁遮普服有男、女款，在當今印度，印度未婚女性最常穿的服裝就是旁遮普服，它比紗麗穿起來更方便。

紗麗和旁遮普服因穿著者的貧富情況而有所不同，窮人穿的大都是棉布、粗麻或人造纖維，抑或是混紡所做，通常印有五顏六色的圖案，而且越貧窮的人穿得越花。新德里的一般婦女，喜歡在沙羅基尼納加市場（Sarojini Nagar Market）和印度國民軍市場（INA Market）等當地市場，購買物美價廉的民族服飾。而貴婦穿的則是絲綢或薄紗材質，上綴以金絲銀線織成的圖案裝飾，她們通常都會在高檔商店購買。不過當今印度人，對傳統服飾的審美潮流也在慢慢改變。

二〇一四年三月，我在服裝品牌「WILL'S LIFESTYLE」（意譯：威爾的生活方式）的印度秋冬時裝週上發現，在紗麗的設計上，如今的設計師偏愛黑、白等比較素雅的顏色，似乎是對印度人喜歡大紅大綠的一個挑戰！此外，年輕的印度設計師比較青睞有印度特色和民族風情的設計，以畢業於新德里的國家時裝與技術學院的設計師坦尼・凱迪亞（Tanvi Kedia）的作品為例，在顏色設計和材質搭配上，設計師更崇尚「越是民族的，則越是世界的」。此外，特別是紗麗的緊身小上衣的設計，設計師們將飄逸的紗麗布料混搭西式的緊身背心，似乎又是一次現代與傳統、東方與西方的融合。

實際上，現代與傳統的融合，是當今諸多印度精品女裝的設計特點。在新德里的幾個大商場裡販售的一些女裝精品，既不是純粹的印度民族服裝，也不完全屬於現代服裝，每一件都散發著古典與時尚拼接的魅力，堪稱藝術品。繡花、鑲嵌、銅片、金銀線，做工精緻考究；印染、圖案、色彩、裁剪，設計獨具匠心。

女設計師瑞圖・庫馬爾出生於印度旁遮普邦阿姆利則，她以自己的名字創立的新古典主義女裝精品，就是其中的典型例子。庫馬爾是**第一個將女裝「精品店」文化，引進印度的女性設計師**。她相信手工製作遠優於機器生產，因為手工製作者更用心，做出的東西更雅致，更能將濃濃的文化情感傾注於作品。精心的設計、加上國際知名度，庫馬爾的衣服自然價格不菲，我在新德里南部一家商場看到，一件簡單的上衣就高達幾千元人民幣（約新臺幣一萬元）。

高昂的價格並不能阻止庫馬爾品牌，受到世界各地人們的喜愛與購買。其顧客包括像艾西瓦婭・雷這類的寶萊塢影星，以及像米莎・巴頓、安娜・伊凡諾維琪這樣的國際名人。自一九九四年以來，庫馬爾還為參加全印度選美大賽、世界小姐與環球小姐比賽的選手設計服裝。她設計的服裝也曾受已故的戴安娜王妃等時尚偶像青睞。

二〇〇二年，庫馬爾的兒子成立了子公司，推出了「Lable Ritu Kumar」（直譯：瑞圖・庫馬爾標籤）。這是一個以印度傳統美學為導向，創造時尚的國際化產品。他的理念是聯合世界設計人才、建立聯盟，創建一個獨特的品牌。這是一個現代化的產品，專注於服裝的裁剪、色彩、流線感和觸感。這個品牌的主要客群，定位在全世界的印度年輕時尚女性。

而最受外國人喜愛的印度本土服裝品牌，要數「Fabindia」和「Anokhi」，他們都強調「印度特色」，材質多為棉麻，這兩個品牌的服飾與家居用品，經常被當作送禮佳品。前者更具有印度風情，主要販售紗麗、旁遮普服等傳統印度服裝，以及印式家居用品；後者則是將印度傳統木刻印染風格，與現代服飾設計樣式結合，每個月都有新款設計的床單、棉被等床寢用品也很受歡迎。

在印度城市地區，男女們的服飾潮流是傳統與現代並行的，然而在鄉間，情況有些

新德里當地人很喜歡逛的沙羅基尼納加市場。

紗麗可以讓女人穿出最美麗的情懷。

不同。有一次，我在中央邦克久拉霍的火車站等車，一直觀察著眼前經過的人，發現當地大多數男性和小孩都是穿現代西式服裝——T恤或襯衫搭配牛仔褲或西裝褲，但無一例外的是，女性都穿紗麗、旁遮普服等傳統服裝，且色彩豔麗。我猜想，或許印度女性平常在家照顧家人、不常外出幹活，穿紗麗更婀娜多姿和飄逸鮮豔。而對於男性來說，穿西式服裝更方便幹活，也比較時髦。或者可以說，在印度這個重男輕女的社會，現代化的步伐在女性身上展現得慢了些。

印度女性特別愛佩戴首飾，無論品質優劣，她們一定不能讓脖子、耳垂和手腕空著。而這裡的珠寶首飾口碑極好、色彩鮮豔，而且拒絕單調和蒼白，總是用一片強勢的色彩昇華感官的饕餮享受。美豔瑰麗的紅寶石搭配蒼翠欲滴的綠寶石，或是晶瑩剔透的黃水晶加上潤澤華貴的紅玉髓……。

印度珠寶還擁有最誇張奢華的設計，從大型搖曳的垂墜式耳環，到質地厚重的黃金手鐲，成就了印度珠寶奢侈華麗的恢宏氣勢。反正，以鮮豔與繁複為最高原則。如今，印度發達的寶石開採業和加工業，更為彩色寶石提供難能可貴的資源。

此外，**印度女子通常喜歡佩戴一整套**的首飾。每逢節日慶典，女性身上就會裝點成套的珠寶，行走間發出叮噹作響的聲音，呈現出一個古文化大國的雍容與尊貴。例如：印度拉賈斯坦邦齋浦爾的珠寶品牌「阿姆拉巴莉」（Amrapali），憑藉其印度特色的精美設計和合適價格，非常受當地人和外國人的歡迎。

新德里有不少購物的好去處，例如：有「新德里七九八藝術工廠」之稱的Hauz Kaus Village，就有不少獨特的印度設計品牌，能淘到好東西。Yashwant Complex、Khan Market也能淘到一些有印度特色的珠寶首飾、木製品、皮衣與精品服飾等。還有明星王菲最愛的「軍嫂店」（New Wellington Camp），雲集了不少精品店。當然，買珠寶還得去五星級酒店如凱悅酒店（Hyatt Regency Hotel）的購物區，比較有品質保障。

看電影是印度人的主要娛樂生活

印度寶萊塢是世界影壇的傳奇，印度電影每年的生產量巨大。資料顯示，印度每年產出八百至一千部電影，這在世界排名上是首屈一指。在寶萊塢，大約有六百萬人從事電影行業。龐大的電影產業與印度巨人的電影市場息息相關。

相比中國一張近百元人民幣的電影票來說，印度的電影票真是便宜。**印度平均電影票價為一張人民幣十八至二十元（約新臺幣八十至九十元）**，票房收入超過十億盧比（約新臺幣四億五千萬元）的電影，可以稱之為「熱片」。便宜的票價加上晚上娛樂活動少，印度人有進戲院看電影的習慣，其次才是買DVD和在網路下載。印度高檔和低

新德里的時髦文藝書店——牛津書店。

焦特布爾的布衣店。

印度每年產出 800 到 1,000 部電影，世界排名首屈一指。

檔的戲院皆有，一種比較小但很有現代感的戲院，票價相對較高，大約每張票人民幣三十至四十元（約新臺幣九十到一百八十元）；還有一種是老舊的戲院，可以容納兩百至一千人，票價便宜，不到人民幣十元（約新臺幣四十五元），就像新德里市中心康諾特廣場附近著名的老戲院，只放映非英語的本地語言電影，破舊不堪的電影院裡擠滿了印度觀眾，大家專心的看著電影，時間彷彿停留在二十世紀。印度各階層、各群體都有能力去看電影，當然學生、年輕白領是電影院的主要客群。

大部分印度人會在週末晚上去看一部電影，他們會選擇熟悉的「明星臉」。比如印度著名的三位姓可汗（Khan，寶萊塢三K天王）的男星——沙魯克·可汗、阿米爾·可汗（電影《三個傻瓜》主角，有印度劉德華之稱）、薩爾曼·可汗，幾乎每個週末，你至少能在戲院裡，看到其中一位主演的電影。如果觀眾看到一部沒有明星、但是情節很好的電影，也會口耳相傳，而後該片的票房會開始持續成長。

不懂印度語的我，偶爾也會去印度平價戲院看印地語電影，雖然聽不懂，但是光看演員誇張的動作和表演神情，及不需要語言就能明白的勁歌熱舞，就總是看得津津有味。有一次看印度影壇常青樹沙魯克·可汗主演的《金奈快車》（*Chennai Express*），一到沙魯克出場時，戲院裡的觀眾就歡呼鼓掌，而每到節奏感強的歌舞情節，有的觀眾會跟著節拍擺動，劇情激烈處甚至會熱血的起身喝采、吹口哨，而如果電影中有比較暴露的場景時，男性觀眾也會詭祕的竊笑。

在印度看電影，有些不同於各國的有趣之處，例如：在當地一些戲院，電影開始前會放印度國歌，人們會全體起立；另外因為印度電影時間通常都較長，一定會中場休息十五分鐘，這個慣例，也適用在播放時間不如印度電影的好萊塢電影。

最近十年，印度出現新電影院，乾淨、環境好、票價高，重新把中產階級和知識分子吸引回去。這些新戲院跟中國的高級影城的影廳毫無不同。但在印度，IMAX（一種先進的電影放映系統）的普及率比中國差很多。我所在的兩年，新德里還沒有IMAX銀幕，只有大都市孟買有。

印度的義大利餐廳很正宗

除了看電影，新德里大眾的夜生活就是去餐廳吃飯了。雖然印度外出就餐的稅額非常高，但這也無法阻擋人們善待自己的味蕾。

在印度北部，口味濃重的咖哩、唐多哩烤肉（Tandoori），或按照印度人口味改良過的中餐，是人們外出就餐的熱門選擇。如今，義大利菜也備受印度人的青睞。而且，**印度的義大利菜相當正宗**，這讓我不禁聯想：會不會跟印度國大黨元老尼赫魯·甘地家族的義大利媳婦桑妮雅·甘地有關？

位於新德里的迪瓦咖啡（Cafe Diva），是印度典型的當代義大利風味餐館，連義大利駐印度大使館文化中心那家極受歡迎的咖啡館，也是迪瓦咖啡所經營。老闆達爾米亞在新德里共開了五家義大利餐館。在她的監督下，這幾家餐館的義大利菜越來越道地，經營得十分成功。達爾米亞認為，在印度開義大利餐館，最大的困難就是如何指導這些毫無經驗，且對義大利菜沒有先天概念的印度廚師。

迪瓦咖啡之所以在新德里立足，成為新德里最受歡迎的餐飲業主之一，是因為達爾米亞付出了大量的心血和努力，她注重食材和烹調方法，且關注細節（包括仔細研究顧客的投訴），確保旗下所有餐館都能達到極高水準，並帶有個人風格。這些餐館都已成為成熟餐飲企業的典範，這一切也令達爾米亞，成為無可爭議的「義大利菜女王」。達爾米亞在二〇〇六年，獲「義大利團結之星」騎士勳章。她在新德里餐飲業的聲望，由此可見一斑。

實際上，她在印度推廣義大利菜並非一帆風順。一九九三年，年僅二十歲的達爾米亞開了自己的第一家義大利餐館，取名為「Mezza Luna」，但最終慘敗告終。當年的「Mezza Luna」是個新鮮事物，那時印度禁止進口食品，達爾米亞也就變成了一個「走私犯」。她每週都要飛往義大利，手提箱裡裝滿帕爾瑪火腿、古岡左拉起司、橄欖油，以及其他烹調道地義大利菜的必備材料。

悲劇的是，那些印度顧客對她的苦心毫不領情。她回憶道：「大家還是想吃配有烤豆子的通心粉，而每份義大利麵都會被顧客要求重煮，因為義大利麵口感更有嚼勁，顧客認為沒有煮熟。燻鮭魚也總是被退回廚房。」**顧客說：「這魚沒煮熟。」**在努力撐了兩年半後，達爾米亞不得不在絕望中，賣掉這家餐館。

又過了四年，達爾米亞在倫敦開了一家餐廳後，她覺得是時候在印度再試一次了。於是她在新德里創辦了高檔餐廳迪瓦，結果立刻大受好評。她認為，新德里已經發生改變：人們的收入增加、旅遊變得容易多了，剛開始習慣旅遊和享受美食的年輕人，手頭有了一些閒錢。她認為自己比較幸運，因為**餐點的風格其實跟當初差不多**。

新德里除了迪亞咖啡館的正宗義大利菜，現在出現許多用義大利食材和烹調方法製作的義大利菜。一些購物商場裡，總會有好幾家可供選擇的義大利餐廳。在新德里南部旅遊景點古達明納塔附近，有一家叫「Olive Bar」的餐廳，同樣是以用烤爐製作的披薩等義大利菜著名。這家店隔壁還是新德里著名的廚藝學校「山脊上的綠屋」，學生們能在這裡學習烹調美味的義大利菜。

如今在新德里，外出吃飯的選擇越來越豐富，日本料理、韓國菜、泰式料理、美國速食與「偽中餐」等，也如雨後春筍般相繼出現，極大豐富了印度人的餐飲生活。

5・文青要的新德里生活

作為印度首都，新德里除了是政治中心，還是全國的文化中心。這裡複雜多樣的環境，孕育著豐富多彩的文藝人士。新德里市的文藝殿堂之一，便是位於市中心的「印度人居中心」，這裡每天舉行各類文藝活動，且每年五月下旬，都會舉行一個視聽饗宴的小型「印度電影節」。

有品質的電影節

當時我將週末兩天的休息時間，都用在感受印度電影（特別是印度南部電影）的世界，甚至忘記了外界的煩惱與炎熱。一位電影導演朋友告訴我，雖然**「托萊塢」和「康萊塢」**（印度南部泰盧固電影和泰米爾電影的代稱）名聲遠不如「寶萊塢」，但在他心中，**印度南部電影的整體品質，其實比北部印地語電影更好**。

週末第一天，我看了三部印度電影，一部來自印度南部泰米爾納德邦的政治與動作喜劇《邪惡吞噬》（*Soodhu Kavvum*），看得我跟戲院裡的觀眾一起哈哈大笑。另一部是講述，印度鄉村賤民男孩故事的《豬》（*Fandry*）。最後一部是印度女導演阿帕爾納·森（Aparna Sen）的《一封未完成的遺書》（*Iti Mrinalini*），講述一個寶萊塢女演員，從青澀到輝煌再到衰老的一生。

第一部《邪惡吞噬》講述了四名「無業遊民」，成立了一個綁架小組，起先遵循五項綁架原則而收穫豐富（其中重要的一條就是不要碰政治大人物），但他們受人所託，綁架該邦某位部長的兒子，結果事情鬧大了。部長的兒子是一位玩世不恭的紈褲子弟，本來就打算綁架跟自己向來不和的父親，並勒索巨額贖金。結果遇到這個四人小組，剛好綁架成功。後來的結局是，兒子取代其父，成為新的政客，四人綁架小組也相安無事。其中「員警是黑幫最好的朋友」、「殘酷的員警殺手才能破案」、「精神病患者出來綁架別人，被綁架者反而幫忙，被綁架者的父親還請求他們，綁架自己的仇人來報復」等臺詞和橋段，都讓我和其他觀眾捧腹大笑。

孟加拉導演阿帕爾納·森說自己是名女性主義者。她導演的文藝電影《一封未完成的遺書》也是以女性為主角，內容有些半自傳性質，導演本人也是「演而優則導」。這部電影想要表達：愛情並非只存在一種形式，不是所有的愛情都要以婚姻為目的。

在這部電影裡，女主角的生命中有三個重要的男人，一個是帶她進入電影主流社會的已婚電影導演，她跟他育有一女，但因空難罹難；一個是與她興趣相通的靈魂伴侶——一名電影編劇；另一位是她年老時遇到、留美歸來的年輕電影導演。

女主角前一天晚上被年輕男友冷落，決定回家吃安眠藥自殺，但是在回顧了自己的一生後，她發現即使這三個男人，都沒有跟她攜手走入婚姻，自己也是擁有愛情的，於是女主角放棄自殺。但影片結尾，她在清晨出門遛狗時，被追擊凶犯的流彈擊中意外死亡。這個意味深長的結尾，似乎想要表達：作為一個天生有控制欲的女人，本想決定自己的死亡，但生活中卻有這麼多隨機和不可預測性。

電影中女主角說，因為印度現實主義電影大師薩雅吉・雷（Satyajit Ray）的逝世，讓她萌生退隱的念頭，因為，她最大的心願，就是希望有一天接到他的電話，叫她出演他的電影。印度老一輩文藝電影人的內心，是如此尊崇這位多才多藝的孟加拉導演——他執導了《小路之歌》、《大河之歌》等三十七部電影，包括劇情片、紀錄片與短片。同時，他也是一位小說家、發行人、插畫家、平面設計師與影評人。他獲獎無數，包括三十二座印度國家電影獎、為數眾多的國際影展獎項，以及一九九二年的奧斯卡終身成就獎。

第二天週日，我又帶著朋友去電影節看電影。其中一部講述印度卡特納克邦小村莊，其政治與愛滋病題材的現實主義電影，讓我回味無窮。雖然不記得電影名字了，可是情節卻歷歷在目。

電影一開始埋下伏筆，而且大部分時間都在講述一對殘疾貧困的農村夫婦，因該邦首席部長要來家裡住，其生活發生的改變。直到最後一刻，才忽然揭曉首席部長之所以來住，是因為他們是愛滋病患者，首席部長是為了宣導世界愛滋病日才來的。

不過，因為部長的到訪，新聞媒體將他們是愛滋病患者的事公開，導致這一家人受到周遭歧視，兒子在學校被孤立、丈夫失去磨坊的工作，妻子的麵餅（Roti）賣不出去，最後，憤怒的妻子將一筐麵餅倒到首席部長幕僚的桌上，說：「讓你們的首席部長來吃吧，我們也是人，也有生存的權力。」影片戛然而止。

另外一部是比較深奧難懂、地域性很強的電影，該片語言為印度南部喀拉拉的馬拉雅拉姆語，講述南部漁村的一個會唱歌頌神，而被賦予神性和特權的男人，他跟兩個妻子的糾纏，以及與族長的妻子偷情、而導致兒子死亡的故事。說實話，題材太當地化了，對我這樣一個異鄉人來說，有些晦澀難懂。影片似乎想說，這個男人因為才華和神聖的工作而享受特權，最終因花心搞得家破人亡，但他總不缺喜歡他的女人。電影是想要斥責這種因神性賦予他的特權嗎？

藝術新德里

同樣在印度人居中心，二〇一三年新德里攝影節，從九月底到十月初在此舉辦。整個人居中心被各類照片裝飾，各個畫廊和工作室都有作品展覽，一踏入這裡確實是進入了視覺藝術的海洋。

我發現幾個很有趣且給我寫作靈感的攝影展，一個是在《喧囂》（*Tehelka*）雜誌上刊載過的《親密的距離》，攝影師讓家庭主婦和女傭坐在同一張沙發上合照，她們倆之間既遙遠（現實生活中，主僕不可能坐在一張沙發、或在同一張桌子上吃飯）又親密（日日相見生活在一起）的關係，讓人若有所思。

還有一個很有趣的展覽，**展示十名新德里女性一天的日常生活**，她們是員警、計程車司機、教練助理、職業籃球員、餐館服務生以及全職家庭主婦等。一個小廳中的照片，展示這些婦女在一天的同一時刻，各自在做什麼；另一個小廳中放映著由照片的幻燈片、和這些婦女的自述構成的紀錄片；最有趣的是第三個小廳，五名被拍攝的女性坐在封閉、類似「告解室」的白色隔間裡，跟任何想問問題的觀眾交談。

這種形式既適當的跟觀眾互動，同時還提供了心理諮詢，頗受歡迎。小廳裡氣氛十分熱烈，我豎起耳朵聽了聽，一名男青年詢問：「我的年紀有些大了，還能追求和實現自己的夢想嗎？」坐在隔間裡的婦女回答：「年齡只是一個數字，不要太在意，大膽追求你的夢想吧！」被安慰過後，這名男子似乎心情好了很多，另一名交談完的印度觀眾則感嘆：「太有意思了！」

這很吸引人，但我個人的感受是，紀錄片中大多數的女性，都在講述新德里作為一個首都的吸引力，卻較少提到對女性的暴力和犯罪等城市頑疾，以及這些女性在這座城市中存在的問題。除了一名東亞臉孔的藏族女性，談到印度男性對她的調戲和輕蔑外，其他人都在說，新德里如何包容、如何多彩多姿、如何實現了自己的夢想等，可以說不夠客觀和平衡。這個活動是由阿南德基金會主辦，該基金會與學生團體合作，致力於為年輕人提供探索、描繪當代非物質文化遺產的平臺。

此次攝影節上我還看到兩名華裔攝影師的作品，一位是來自中國的張克純的《黃河》，他的作品展示生活在黃河邊的普通人和普通建築物，因為顯得太平常反而沒有很吸引我；另外一個是來自加拿大的華裔藝術家董春華（Chun Hua Catherine Dong）的《不在場的丈夫》，她透過再現個人記憶，探討了失敗的婚姻，修正並轉換不同的情緒，例如：一張白色的雙人床上，另一半已經不復存在，但恰恰是這不在場的感覺，反射出一種存在；還有一張照片，雙人床上的女人手捧著一個切掉一半的梨子。在中國文化中，「梨」跟「離」有諧音暗喻的意思，包含雙重隱喻；還有一張是露出私處的如廁照片。我相當佩服藝術家在公眾場合，展示親密與私密的勇氣。

一個有趣的互動藝術裝置中，5名被拍攝的女性坐在封閉、類似「告解室」的白色隔間裡，跟任何想問問題的觀眾交談。

6‧特殊的種姓制度

眾所周知，印度擁有獨特的種姓制度。按照《摩奴法典》的規定，印度人被分為婆羅門、剎帝利、吠舍和首陀羅**四個主要種姓**，每個種姓下又衍生出諸多附屬種姓。最高種姓婆羅門是**祭司種姓**，最高貴、最潔淨，肩負著最崇高的職責——學習和傳授婆羅門教經典；第二等的剎帝利，最有力量，所以掌握著軍政大權，為**武士種姓**；第三等吠舍，最為勤勞，從事農業、商業和手工業等，是古代印度社會中的普通勞動者，屬於**平民種姓**；最低一等的首陀羅，是最低下也是最骯髒、從事低賤職業的人，多數為奴隸。

各個種姓世襲、互不通婚，因而形成了封閉的四大集團。種姓之間等級極為森嚴，不得同桌而食、同井而飲、同席而坐和同街而居。在印度鄉村等落後地區，人被分為三六九等，種姓制度的影響仍久久不去，但在現代都市生活中，其影響被沖淡，然而眼光銳利的印度人，還是能從相貌、膚色、姓

為富人做家政服務的女僕。

氏等諸多細節，看出不同種姓的差別，而對低種姓人口的歧視也遠未消除——還有人甚至說印度社會，安排那些預留給低種姓的教育、福利等名額，就是一種變相的歧視，讓他們跟其他人不一樣。不過，這樣的歧視相比赤裸裸的壓制低種姓人，孰好孰壞？

我自身感受到城市中的種姓差別，是來自一位為我們工作的印度司機，他為棕色皮膚，愛穿一身白衣、白褲，總是十分整潔，舉止也不像一般畢恭畢敬的印度司機，而是流露出一絲高傲和自尊，偶爾他也**使喚一下比他種姓更低的印度雇員**。不知怎的，他那神氣的樣子，讓我覺得他不像個被聘用的人。後來才知道他屬於第二類剎帝利種姓的某個分支種姓——屬於高種姓的人。

義大利作家安伯托．艾可曾發現，就連印度的狗也有種姓等級。那些被主人用項圈牽著的，或黑或白的狗特別優雅，大概是富人家的寵物狗。而那些沒人管，自生自滅的在大街上閒逛、髒兮兮的狗，肯定就是低種姓的流浪狗。

作為生活在此的外國人，我並不能很分明的感受到，這些種姓制度的區別。而外國人據說也屬於一個種姓，有人說，外國人屬於剎帝利這個高級種姓，也有人說是吠舍，但這些說法都無從考證。

7・活在新德里的女性

二〇一三年一月，是我在印度度過的第一個元旦，對我而言，完全沒有新年歡樂的氛圍。因為我正忙著報導發生在二〇一二年底，新德里一名女學生在公車上，被六名印度男性輪姦致死的事件。我其實一直都想寫，自己作為一名在新德里工作、生活的外國女性的感受。

因工作來到經常發生強姦案的新德里，已經有半年多，過去四年裡，**這裡的強姦案持續不斷**，在二〇一一年，共有五百七十二名女性被強姦，居印度各大城市之首。這座城市也因二〇一二年底發生的一起強姦案，引發全世界的關注。

作為外國人，尤其是一個長著東亞臉孔的女性，我在街頭經常受到路人的注目，以及毫不掩飾的上下打量。如果在人多的景點，必定被圍觀，而且一堆印度人會一個個上前來要求合照。起初我還覺得自己挺受人注意，後來則習以為常。但有時在經過一些印度男性身邊時，他們除了上下打量，還會突然竊竊私語和壞笑，口中像唸咒一般唸唸有詞。還有的時候，特別是當我一個人在街上或公園裡時，印度男人會跟著我、跟我說話，要求做朋友。通常我都假裝沒看見，快步走過。

在印度，即使是在公共場合，女性也有可能被言語和行為性騷擾。我常走在大街上，感覺男人的眼神很「飢渴」，時不時還會有個「阿三哥」擠眉拋媚眼。

我有一位在孟買工作的女性朋友，每天要搭公車和地鐵上班。有一次下班時七點左右，她剛下公車準備回家，三個印度男青年騎著摩托車，突然向她迎面駛來。嚇得她一慌，來不及閃躲，只能傻站在原地。就快要撞到她時，摩托車突然減速，貼著她身邊擦過，載著哈哈大笑的三人遠遠駛去。她望著他們的背影，驚魂未定，搖搖晃晃的走回家。回想當時的情景，她不禁嚇出冷汗，慶幸當時天色未晚，這幾個人只是想捉弄她取樂，還沒起歹意。

過來人奉勸我，**不要跟印度男性有目光接觸**，妳看他一眼，他會認為妳對他有意思，小心來性騷擾妳。曾經聽說，一些穿著性感的西方女遊客，由於沒注意到文化差異，跟印度男性搭肩合照，結果被誤認為有意思，而被強姦。

二〇一二年十二月十六日，發生新德里的輪姦致死案（受害女孩上車的地方，就在我住所附近的公車站）後，印度報紙上每天都湧現，大量駭人聽聞和匪夷所思的強姦案，讓人不得不替印度女性和自己的生存環境與安全憂心。

一名女孩四十天內，被四十四名男性輪姦。
一名女孩不堪一名印度男性四年來的性騷擾和威脅而自殺。
一名六歲小女孩，被一名所謂的「未成年人」殘忍的強姦和謀殺，身體被切成段、扔在兩個公共廁所。由於凶手是青少年，無法被判處死刑，因而轉到少年法庭，在那裡他只被判處三年監禁。
在印度北部城市勒克瑙的一名女孩，長期被一名已婚男性跟蹤和性騷擾，女孩多次向警局報案，但員警根本不理會，可憐的她甚至還遭到已婚男性縱火報復，全身九〇%的皮膚被燒傷。

在素有「重男輕女」傳統的印度，**性騷擾被稱為「夏娃的誘惑」（Eva-Teasing），經常可以被社會接受**。對印度男性來說，性騷擾和強姦有時只是一場兄弟間共用的「遊戲」。印度男性對印度女性，特別是低種姓女性尤其不尊重，據一位印度男人「酒後吐真言」道：「她們穿得那麼暴露，就是要給她們一些教訓。」員警不僅不理會，甚至還會嘲笑前來報案的女性，有些受害者甚至會再次遭到員警的性騷擾和強姦。

更氣憤的是，在公車輪姦致死案發生後，印度社會的男性，竟然發出一些簡直不可理喻的言論。為強姦犯辯護的律師說，在印度社會，女性晚上只能跟家人一起出門；一位宗教大師說，受害女孩應該跪著求這些男性放過自己，而不應該跟他們起衝突；印度人民黨議會議員說，強姦小孩是罪惡的，但強姦女性是可以被理解的；印度總統的兒子，竟然指責抗議強姦案的女性，打扮得太漂亮是為了作秀……還有一些觀點令我很震驚，在印度，他們認為只有性侵處女，才能被稱為強姦。對已婚婦女的侵犯，是為了警告她不要到不該待的公眾地點。如果晚上出門還穿著暴露，那就是為了讓人強姦。

印度強姦案頻發，有著各方面的原因。印度種姓制度殘留的影響還未銷聲匿跡，這導致女性尤其是低種姓女性地位低下，有時人身安全都得不到保證。在**崇拜「林伽」**（男性生殖器）的印度教徒看來，性行為是跟神靈交流的途徑，由此披上宗教的神聖外衣，和寶萊塢歌舞中，挑逗的性暗示文化浸染，再加之選擇性生育，導致印度**男多女少**，以及經濟條件差的印度男性，難以透過正常途徑滿足生理需求等諸多原因，滋生了印度強姦案氾濫的現象。

而近幾年來，印度強姦案呈上升趨勢的重要原因，還跟印度政府和司法機關，對此的打擊力度明顯不夠有關。據專家稱，印度審判強姦案的法律，很多還是沿襲一百多年前英國殖民時期的舊法，懲處力度完全跟不上新時代。根據印度國家犯罪紀錄局（NCRB）的資料顯示，印度全國的強姦犯罪的平均定罪率，比暴力犯罪的平均定罪率還要低，不到二八％。平均每二十五名強姦殺人犯中，只有一名被判處死刑，其他的判罰極為輕微，刑期甚至不到一年，而且每年總統還能赦免和減輕一些強姦犯的刑罰。此外，強姦案的立案和審理時間也很漫長，有的官司打了十年都沒有結果。

二〇一二年的公車輪姦致死案發生後，雖然新德里政府，採取一些保護女性的措施，例如：設置女性求助熱線、增大夜間巡邏警力、設立審理強姦案的快速法庭、加大對強姦犯的懲罰力度等，但性暴力與強姦案仍不時發生。到後來，身為一個外國人，我對於該地區發生強姦案的高頻率狀況，都有些見怪不怪了，甚至不會像剛來時，一聽到強姦案發生就緊張兮兮，這類新聞反倒變成一種生活的背景。

印度男性人口明顯多於女性，原因是……。

印度公眾場合中多為男性。

新德里最常見的交通工具—「突突」。

8・印度女性地位低，是文化，還是暴力？

作為女性，我自然對印度女性格外關注。雖然在印度不乏女子當自強的案例，但就整體而言，印度社會是一個很典型的男尊女卑社會。生活在農村的女性，經常連人身安全和最基本的權力，都得不到保障。

重男輕女的觀念盛行，導致女性在母親腹中時，就被**選擇性墮胎**。有的很早就輟學，或根本不曾上過學，在家幫父母帶孩子和做家務，或是出去做童工。女性還經常受到性侵且無處報案。員警跟有錢有權的人沆瀣一氣，常有二次強姦被害者的事件。

即使在城市裡，女性也常遭遇性騷擾、職場男女不平等諸多問題。印度著名的《瞭望》（*Outlook*）雜誌，有一期封面主題就是「危險的聯絡人」（Dangerous Liaisons），講述跟政客打交道而喪命的女性。越來越多年輕漂亮、雄心勃勃的印度女性，吸引了男政客，由於跟政客過密的關係，最終命喪黃

《沒有女人的國家》電影海報。你會認定這是驚悚片。

泉或神祕失蹤。我閱讀後很難受，貪婪、權勢大的印度政客，太容易「殺人滅口」了。在印度，權力膨脹得無法無天，甚至在兩性戀愛關係上也無處不在。對那些一心想在政壇或職場上發展的普通印度女性來說，生命安全很難得到保障。

我曾經看過一部印度電影《沒有女人的國家》，它以戲劇的方式，凸顯了印度偏遠農村女性的悲慘命運，該片描述印度重男輕女的傳統觀念根深蒂固，很多偏僻村落出現嚴重女少男多的情況。片中五個兄弟共娶一個妻子，女主角卡爾基嫁過去後，每週除了每天和一個丈夫同寢，並遭受丈夫的施暴外，其餘兩天還被他們的父親占有。

卡爾基受盡凌辱，被戴上手銬、關在穀倉內。該片從第一場戲開始，就抨擊印度社會歧視女嬰的殘酷傳統：女主角被抬進產房，她的丈夫在外面焦急踱步，突然聽到嬰兒的啼哭聲，當他得知「是女孩」時，他接過嬰兒，馬上把她扔進井裡溺死，嘴裡喃喃說道：「明年一定要生個男孩。」

濫殺女嬰之風，使現在許多鄉村與小鎮裡都缺少新娘。這種濫殺女嬰的落後現象，就曾在寶萊塢明星阿米爾．可汗主持的電視節目《真理至上》中討論過。印度人偏愛男性，是家裡「賺麵包」的人，不僅為家族傳宗接代，娶個老婆還能獲得大額嫁妝。跟中國傳統的婚姻習俗相反，**印度女性出嫁時，要帶給婆家大額嫁妝**，甚至連舉辦婚禮晚宴的錢都是女方出，**感覺更像是女方花錢娶了男方**。寶萊塢電影裡就反映了很多貧困人家的姑娘，因為家裡無法準備男方要求的嫁妝，一直待嫁閨中成為老處女，《三個傻瓜》中男配角拉加的姐姐，也是其中一例。現代印度，我的朋友阿諾帕瑪的母親，因生了兩個女兒而飽受家族壓力，她從兩個女兒誕生的那一天起，就開始為她們存錢購買黃金首飾等嫁妝。

二〇一三年，西方媒體撰稿人阿馬納．豐塔內拉—可汗（Amana Fontanella-Khan）書寫的《粉紅紗麗革命》（*Pink Sari Revolution*），就清晰且生動的反映，當今印度農村女性的生活。在印度最貧窮的邦之一的北方邦農村，有一個叫**薩姆派特．帕爾**（Sampat Pal）的了不起的婦女，她**成立了「粉色紗麗娘子軍」女性組織**。組織成員為清一色穿粉紅紗麗的女性，她們會幫助那些被丈夫或男性欺負的婦女，**拿著木棍去懲罰這些男性**。

在每年三月的灑紅節期間，印度阿格拉附近的馬圖拉、南德綱和瓦得拉等村莊，都會有一個「女性棍打男人」的節日。在這一天，婦女們穿上漂亮的紗麗——她們酷愛紅色系紗麗，拿著一根超過一公尺的木棍，看到男人就追趕上去猛打一頓。在我看來，這在重男輕女、婦女地位低下的印度，算是婦女的一種發洩和補償。只有在這一天，她們才能光明正大的打男人。

雖然當代印度社會，也出現了為婚姻中的男性維護權益的組織，但這還只是少數案例，在這男權社會中，相較於男性，女性的地位還是較低的。

帶長棍的女權組織。

薩姆派特・帕爾和她領導的粉紅紗麗娘子軍。

9．印度的婚戀觀——這什麼神邏輯

印度婚戀觀比較獨特，甚至有些令人匪夷所思。寶萊塢愛情電影《寶萊塢之戀夏雞尾酒》，打開了一扇了解其婚戀觀的視窗。

這部二〇一二年上映的電影，講述的是居住在英國倫敦，一位印度工程師和兩名印度美女的故事。這是一個典型的「我最好的朋友搶走我愛的男人」的故事——其中一個女人為了使心愛的男子回心轉意，開始學習烹調印度食物、敬拜印度神、穿傳統服裝，想把自己打造成一個理想的妻子，但未果。這一點，令暢銷書作家、《三個傻瓜》原著作者奇坦．巴哈特（Chetan Bhagat）有些想法，他對片中不鼓勵職業女性，而推崇家庭婦女的觀點非常不滿，並在二〇一三年七月二十九日的《印度時報》上，發表了一則評論。

巴哈特納悶，片中展現的成功、堅強、獨立的女性，必須透過幫丈夫或男朋友做印度飯菜，來獲得他們的心，電影究竟呈現給女性怎樣的印度？他認為，儘管電影有商業壓力和自己的敘事邏輯，但最現代和先進的電影，宣揚的卻是退步的思想，這對職業女性來說，非常不公平。在現實中，包括受過高等教育的大多數印度男性腦海中，都根深蒂固的存在著這樣的思想——女朋友是可以在聚會時玩玩的，而妻子則是要娶回家的。社會對非傳統保守女性的偏見非常嚴重。

作為娶了職業女性的印度男性，巴哈特還講述娶一位能幹、獨立的女性，帶來的巨大便利之處，例如：能夠跟妻子討論自己的職業生活，而且她比家庭主婦更有組織能力；一個懂得辦公室政治的妻子，甚至能給你一些職場建議。同時，她也能夠讓家庭多一份收入，在房價高漲、工作不好找的年代裡，讓你們能住上體面的房子，家庭財務更加寬裕。

另外，職業女性跟外界打交道的機會多，能為家庭帶來外界的資訊和知識，例如，如何家庭理財、安排假期，能提高生活品質。另外，她們教導出來的孩子，也會比較獨立和出色。最後，職業女性能在工作中找到成就感，生活滿意度也會更高，對男人的依賴較低，因此家庭更和睦。

巴哈特呼籲印度男性在擇偶時要仔細，不要以「會不會做飯、穿著是否保守」來衡量女性，而要鼓勵和讚揚職業女性，她們將帶領印度家庭和國家往前走。「雖然我們少吃到可口的熱騰騰飯菜，但是我們這個國家會向前發展。」

在印度生活和工作一段時間，我對印度婚戀觀倒是有些許感悟了。

奉父母之命的婚姻仍占主流

在電視上，我經常看到印度最大的紡織和時尚品牌雷蒙德（Raymond）的一則廣告，**倒是呼應了印度主流的婚戀思想**。廣告大意是現代的印度女孩子，不要排斥父母安排的相親和婚姻。其中一位前來相親的男子穿著得體的西裝，舉止親切紳士，贏得了反叛女孩的歡心，最後男女身著華麗的印度傳統服裝舉行婚禮。這則廣告透露出這樣的印度主流價值觀：年輕人應該接受「父母之命，媒妁之言」的婚姻。這倒是跟電影《寶萊塢之戀夏雞尾酒》中揭示的一樣，印度人還是傾向傳統的婚姻觀念。

我的印度朋友、網路作家南德是一名現代職業女性，她向我訴苦道，一旦她的男朋友在旁邊，她必須變成一個唯命是從的小女子。男友幫她點菜，承認男友是「老闆」和「領導者」後，一切才能進展下去。由此不難看出在印度主流的婚戀關係中，「大男人主義」還是占據主導地位。

印度人愛與外國人通婚嗎？

在印度，高等種姓或受過良好教育的富裕印度女性，跟西方男性通婚的不在少數。然而這樣的跨國婚戀，**並不為印度主流傳統社會坦然接受**。二〇一三年四月，我去參加印度新德里電視臺，一位著名女記者在家中舉辦的生日聚會。她的德國未婚夫、德國電視臺的攝影師告訴我，在印度，如果一個印度男孩交了一個西方女朋友，印度人會拍著男孩子的肩膀稱讚：「Nice Catch!」（不錯！）但他每次跟未婚妻出去玩時，印度人都會朝他嚷：「Get your hand off our sister.」（不要碰我們的姐妹）我發現，印度男人、特別是中下層男性，不愛娶外國女性，**印度女人也不像某些國家的女人那樣「崇洋媚外」，急切的想嫁給歐美白人**。當我和南德談到這個問題時，她也說：「大多數印度男人可以跟外國女人玩，但娶外國女人的比較少，因為他們只會娶印度女人當妻子。」

後來我與一位三十一歲的印度司機交流，試著詢問：「為何印度男人不愛娶外國女人？」他的回答是，**主要是因為宗教原因**，父母不喜歡自己的兒子，娶一個異教徒或是沒有宗教信仰，或別的社區、種姓的女人，而兒子總是把自己的父母當作第二個神，對他們唯命是從。所以，印度大多數人的婚姻還是比較傳統的父母包辦型。當然，隨著時代的發展和國際化加速，受過良好教育的印度女孩，也有嫁給西方人且得到父母理解、生活幸福的例子。

相比印度女性與歐美男性通婚，**印度女性跟中國男性結婚的案例比較少**，**倒是中國女性跟印度男性的婚戀相對比較多**。我也聽一名中國留印學生說，她認識幾個去中國發展的印度男性，都娶了中國老婆，還在北京買了房，生意也涉及旅行業等多個領域，可以說在中國安居樂業、生活幸福。那位印度朋友向她坦承，如果自己在印度，生活水準遠沒有在中國高，但他的父母至今都對他很失望，不能接受他娶了一個非印度教徒的中國老婆，在鄉親面前也總是抱怨對兒子的不滿。但是他們已經有了中印混血兒，他打算

印度主流婚戀關係中，大男人主義還是占主導地位。

在阿格拉城堡的一對印度夫婦。

將父母接到中國來，讓他們親眼看一看自己在中國的美好生活。

印度人的宿命式感情哲學

當然，我們不理解的印度婚戀觀，也有令人嘆服的一面。中國某旅遊類雜誌中，曾講到演員張鈞甯去印度旅行的經歷。她跟二十五歲的印度導遊聊感情，導遊說自己的結婚對象是相親認識的。張鈞甯立刻質疑這樣的關係是否有愛存在，沒想到年輕的導遊嚴肅的說道：「**正因為知道要結婚，認識她的那一刻就產生愛了**，我會給她全部的愛。再也不對其他人動心。」印度導遊的這種與大多數中國人截然不同的戀愛哲學，確實讓人感到不可思議，相較於我們身邊很多「閃戀閃分」、「閃婚閃離」的現象，印度人的宿命式感情哲學，不得不令人折服。

我曾跟一個交了印度男友的中國女留學生聊天。我說：「在我聽說的幾對中印戀人中，中國女孩子總是比較弱勢，因為印度男人似乎並不專一。」但她卻反駁道：「印度男人如果痴情忠貞起來，比中國男人尤甚。」可能是因為信仰宗教的原因，他們一旦對愛情產生信仰，就無比堅定。

10・印度人眼中的中國人：別承認自己是……

每每在印度「出差」，當地人通常都會主動跟我打招呼。他們會好奇的問我從哪裡來，當得知我來自中國時，有的會說：「喔，中國。」然後沉默不語；有的也會說，中國是一個「大國家」或「好國家」。但你不知道他是真這麼認為，還是為了招攬生意或表示友好，才說些好聽的話。那些教育水準較低的普通印度人，可能聽到「中國」就會沉默不語，而那些受過良好教育、英語流利、不仇視中國的印度人，都很熱情的跟中國人攀談與交往，特別是一些去過中國的印度人，更是會不停的稱讚中國的發展和成就。

但總體來說，**印度的親華人士數量並不龐大**。因此對我而言，第一次當駐外記者便來到印度這樣一個不可思議的國家，挑戰其實挺大。最主要的是，印度的媒體與知識菁英階層中，很多人對中國並非那麼友好，採訪工作也很難一帆風順，例如：報導二〇一二年新德里大選投票時，一名選民不友善的命令我離開，還**問我是不是間諜**。

此外，眼望歐美的中國人，並不那麼關注鄰國印度，國內也不太重視這區域的國際新聞。身處印度的我們認為重要的事情，在中國國內新聞編輯的眼中不值一提。相反的，**印度卻時時刻刻拿中國跟自己比較**，也常能聽到「中國威脅論」的言論。

販售所謂「中國速食」的印度人。

印度南部的喀拉拉邦人民友好熱情。

在這裡，我們常在主流報紙上看到，一些對華不友好的文章，例如：〈中國是印度最大的敵人〉等直白的敵對文章。印度媒體總愛炒作中印在拉達克東段的邊境爭端，這讓整個印度輿論，處在一種反感中國的氛圍中。

二〇一二年底，我在南印柯欽坐電動三輪車回旅館，當地的司機問我是哪國人，我謊稱自己是日本人，司機馬上洋洋得意的秀日語，學過一點日語的我也回了幾句。我問他對中國人和日本人的看法，他說，最好的是日本人，因為他們頭腦冷靜，不會惹麻煩，第二好的是韓國人，而中國人很聰明，愛斤斤計較，絕不會讓自己吃虧，所以他不喜歡中國人。

好吧，中國人在部分印度人眼中的印象不太好。我在印度確實感受到，一些人的不友好與不信任，中印的歷史恩怨，或許溯源於一九六二年那場中印邊境的戰爭，中國打敗了印度，而當今的主要原因，還是因為中印處於競爭關係，特別在西方勢力的「中國威脅論」的影響下，中印兩國難言信任。

「當被印度人問國籍時，是否該如實告知自己是中國人」，成了一個困擾我的問題，如實告訴他們的話，怕他們因為不喜歡中國人而為難我們；不說，自己又會有說謊的罪惡感。我跟朋友討論後得出的結論是：具體問題具體分析，**對於那些只打一次交道的陌生人**，最好說自己是別國人，怕他們會給中國人「挖坑」或「設陷阱」。而對於在工作場合認識、素質較高的印度人，還是應該說自己是中國人，以便之後坦誠相處、長期交往。

在回新德里的飛機上，我看到印度中國問題研究所的斯里馬蒂・查克拉巴蒂教授，接受《環球時報》採訪時說：「如果二戰後法國與德國都能成為朋友，那麼印度與中國就更有可能。」這倒是反駁印度人因為「一九六二年戰爭」，而產生反華情緒的一個有力觀點。中印自古就有友好往來，如今，更應該攜手前進，為亞洲人民爭口氣。

此外，我也很高興看到，近年來，印度國內也出現一些理性的聲音。二〇一二年十二月九日，《印度時報》評論版就刊登剛去中國訪問兩週的印度學者拉賈・莫漢（Raj Mohan）的文章〈印度，中國：是朋友不是敵人〉（*India China Friends not Foes*）。他認為，不該總是把一九六二年的戰爭放在心上，應該記住那些中印歷史上的交流和友好事件，例如：佛教的傳播、譚雲山（有「現代玄奘」之稱）的貢獻和泰戈爾訪華——至今世界上除了印度以外，只有中國如此熱烈慶祝泰戈爾誕辰。二〇一一年，中國出版了多達一百本關於泰戈爾的書籍。

11•「對死淡然」

在印度，人們和死亡的關係並不陌生。

在加爾各答的某個夜晚，我坐在一位華僑嚮導的摩托車後座上，這時候，前方交通忽然堵塞，原來是一群群身著白袍和白帽的穆斯林在舉行葬禮。這時，幾個壯漢抬著一具屍體擔架從我身邊經過，接著又來了一具。

還是在加爾各答，嚮導帶我走訪市中心老唐人街的華人會館，在新安會館頂樓，我感覺華人嚮導，在我被邀請前往樓頂時有些遲疑，但不明就裡的我堅持要上去看看。後來他們提到，曾經有一名女子跳樓自殺，就陳屍在這所兩層會館的樓頂。

在印度，死亡像個幽靈一樣籠罩著人們。在孟買，利奧波德餐館（Leopold）就是二〇〇八年，孟買恐怖襲擊爆炸案發地點，而我數次在那裡用餐，還能看到牆壁上的斑駁彈孔，這裡曾經血流成河。去過好幾次的泰姬酒店，也曾發生被巴基斯坦恐怖分子血洗的慘案。

作為異鄉人，我也數次收到中國駐印使館，發來的恐怖襲擊警告：印度是一個不安定的社會，常有各種暴力死亡事件發生。

瓦拉納西印度人露天焚燒屍體。

對我這個中國人來說，死亡是忌諱，帶來了內心的不舒適感。

那麼印度人對待死亡的態度又是怎樣呢？

我曾去過印度教聖城，位於北印北方邦的瓦拉納西。在那裡，會近距離接觸死亡。人們千百年來就在恆河邊堆砌木材、焚燒逝者的屍體——我坐著船觀望著岸邊的火葬堆上濃煙烈火滾滾，而在不遠處，印度教婚禮正在舉行，熱鬧而世俗的歡慶音樂瀰漫空中。一邊是逝去與超脫，一邊是結婚生子的獲得與俗世，就這樣鮮明的擱在一起。

令我印象深刻的是到達恆河邊的那條擁擠、嘈雜、塵土漫天的大路，還有那條很容易迷路、曲折狹窄、通往恆河邊的羊腸小徑。我和中國同事花了一點錢請一位印度人帶路，才順利往返。而另一組朋友自己摸索路線，卻迷路了，跟隨著抬屍體的人來到焚燒屍體的地方，那位迷路的朋友說當時腿都嚇軟了。對中國人來說，死亡是恐怖的事情，而在這裡，死亡如此司空見慣。這裡的人擁有信仰、相信來生，也就沒有恐懼。

有朋友說，在瓦拉納西，你感覺到靈魂在空中飄。靈魂在空中看著俗世的人們，過著庸常的生活。或許，印度教徒對死亡的淡然面對方式，或許會給「談死色變」的我們些許啟發。

12・印度窮人你很瞭，富人奢華你想不到

我在印度生活的兩年，也對印度式貧窮有了具體而微的觀感。無論是大街上的乞丐、無家可歸的流浪者，或是住在鄉村赤貧的茅草屋、城市貧民窟裡家徒四壁的人們，他們詮釋著貧窮的含義，你會禁不住感嘆：世界上怎麼還會有這麼窮的人？

根據《告別甘地：現代印度的故事》作者伯納・英哈斯利（Bernard Imhasly）獲得的資料，印度一直是一個農業國家，農業占國民生產總值的二一％，而從事農業生產的人口，卻超過全國總人口的六〇％。印度從某些社會指標來看，兒童死亡率和母親死亡率居高不下，還有熱量攝取不足、中學畢業人數偏低等問題，這一切都表明，印度仍舊是世界上較落後的國家，**十二億人口中，至今仍有兩億六千萬人生活在貧困線以下**。

印度富人奢華難以想像

然而，在赤裸裸的對比下，我對印度富人奢華的生活，感到無比驚訝。聽朋友說，他拜訪過一位高級客戶的私人莊園，莊園很英式、奢華氣派，而家中更是僕人雲集。吃飯

時，都由穿著統一工作服的僕人伺候。

我雖未能親臨印度富豪的奢華莊園，但在一個週末的晚上，我去德里[2]地區一位有權有勢的大人物家裡做客，感受印度富人的生活。

他是一名印度最高法院的律師，手下還有不少能幹的年輕律師為他工作。因為他處理幾家中國企業的法律事宜，我才得以跟隨中國朋友一起前來。

一進他家客廳我就驚呆了。裝修風格真是一個印度土邦王公[3]的宮殿，牆壁密集的鋪滿被印度王公青睞的鏡子牆磚，還有精心裝裱、貴氣十足的油畫肖像。

主人介紹說，中間那幅王公模樣的畫，是十九歲時的他——他有印度北部比哈爾邦王公血統，另外還有兩幅妻子年輕時，青春俏麗與中年時雍容貴氣的肖像，他年老卻優雅的母親的畫像也在其中。此外，客廳四周排滿木質錦緞靠椅，各類黃銅、青銅、大理石的藝術品點綴其間。客廳中央是一個灑滿玫瑰花瓣的大理石噴泉水池，大廳天花板垂下數個金碧輝煌的水晶大吊燈。更驚豔的是，客廳一角的長方形地毯上，坐著幾位主人

富豪家中布滿各種雕像等藝術品。

專門請來演奏傳統印度音樂的樂師。

客人一到，就被主人邀請到舒適的沙發上就座，並品嘗他收藏的香檳酒、威士忌、蘋果伏特加等各類洋酒，與此同時，跟中國風味相似、可口的比哈爾邦小吃依次呈上。

席間，主人用英語為我們翻譯，樂師正在演唱的這些印地語浪漫情歌，盡興之時，他邀請我們跟樂師一起坐在地毯上，置身於印度傳統樂器中。他為我們親自唱歌，並**邀請我們唱中文歌——我們選了《龍的傳人》、《月亮代表我的心》，在印度樂師用傳統樂器配樂下**，這兩首中文歌聽起來也別有一番趣味。

我們聊了一些中印朋友的資訊，他還高興的拿出，移民歐美的兒子和兒媳的婚禮照片，出席婚禮者不乏中國駐印度使館外交官、中資企業大老等重要人物，賓朋滿座，好不熱鬧。

② 新德里和老德里統稱為「德里」。

③ 土邦（現更常譯作「王侯領」）為英國殖民印度時期，殖民下保存的半獨立印度本土政權的總稱，領導人為「王公」。

等到用餐時間——晚上九點多，精心烹調的食物，被盛在餐廳一個八瓣的轉盤裡，客人們依次自取，餐具雖然不是銀製的，但花紋非常精緻漂亮。抬眼一看，餐廳牆壁上和角落裡也有不少畫作，我就問他：「您對畫有特別的收集愛好嗎？」他幽默的回答：「人們送給我越來越多的畫作，遠遠超過我的收藏興趣了。」

吃飯前，主人贈送我們每人一條印度國旗色——橙、綠、白三色的棉質圍巾，他說，這代表著最高榮譽。**臨別前，又送給我們每人裝在藍色禮品盒的銀製飲水杯作為禮物**。朋友說：「大概不同級別的客人來，他也會送不同的禮物，宴請太專業化了。」

周到的主人還邀請一些常客來陪我們，一看就是受過良好教育的印度人。

印度富人活在另一個世界

作為一個占據社會頂層的群體，印度富人們的生活是怎樣的？以新德里南部一處富人住宅區為例，我們能管中窺豹。

富人生活在附有公園、私人會所等公共設施的別墅區內，家裡都有清潔工、園丁和門衛等「傭人」。傭人通常住在主人家樓頂，或側房的「傭人房」裡，有專門的「傭人」出口，不能跟主人同出同進。

富人多愛逛進口食品雲集的大超市，當然買菜、做飯也由傭人代勞。出門都有司機開車，可以說過著跟普通印度百姓隔離的生活。除了住在高級的社區與別墅區外，平常會去位於南德里的Vasant Kunj Mall（音譯：瓦萊特昆吉）、Select City Walk（直譯：選擇城市漫步）等歐美高級品牌雲集的現代購物商場。這些商場光鮮亮麗，國際知名品牌應有盡有。商場裡，LV、Jimmy Choo、香奈兒和卡地亞等國際一線品牌的店面都是耀眼奪目、富麗堂皇，甚至連廁所，都有如豪華五星級酒店般高級。

富人在自己居住的社區，擁有會員制會所，會所裡游泳池、運動場館、酒吧或咖啡館一應俱全。**社區裡有**學習唱歌、跳舞、繪畫、瑜伽等的**文化中心**，不僅為學員**提供認證證書**，**還舉辦各類展覽**，例如：文藝表演、畫展等。

而有錢人家的孩子多在國際學校上學，例如：中國前總理溫家寶訪問過的泰戈爾國際學院，就是一所有口碑的國際學校，此外還有美國學校、德國學校等。在印度就讀國際學校，比在中國國際學校的學費要便宜很多。等到孩子上大學，有錢人會把他們送到歐美留學。

如果富人生病了，他們就會去醫療設施一流、硬體也很現代化的私營醫院看病。醫生大都是留學歐美的，對病人非常負責，能一對一進行治療。

新德里南部一處富人區的住宅。

裝修風格如印度皇室宮殿，牆壁被印度王公青睞的鏡子牆磚密集鋪滿，還有精心裝裱、貴氣十足的油畫肖像。

卡拉OK？遜！古色古香的富豪家中的大廳裡，樂師正在演奏。

13・不符合規矩的權力是毒藥

來新德里後，一直都想去參觀賈瓦哈拉爾・尼赫魯紀念館和英迪拉・甘地紀念館，二〇一三年十一月的某一天，我終於得償所願。

賈瓦哈拉爾・尼赫魯曾任印度國大黨主席、印度共和國開國總理，女兒英迪拉・甘地曾擔任兩屆印度總理，她與一名姓甘地的律師所生的大兒子拉吉夫・甘地也接替她擔任過印度總理。尼赫魯－甘地家族在印度政治史上的地位舉足輕重。

位於新德里市中心的尼赫魯與英迪拉兩處紀念館距離非常近，我先參觀了尼赫魯紀念館。這座建築由英國人設計，是尼赫魯生前的住宅，他也逝世於此。建築的前後都有非常廣闊的草坪和繁茂的樹木。這所英式建築的每個房間都有溫馨的壁爐、華麗的長走廊、寬敞的舞廳與露天陽臺等。雖然房子已經很老舊了，但還算整潔乾淨，書房裡有大量的書，尼赫魯的書桌上擺放了各式各樣的佛像。那張他逝世時躺過的小床，還鋪著他的故鄉喀什米爾的繡花床單，令人印象深刻。

相比之下，尼赫魯女兒英迪拉・甘地成為總理後的住宅，更加現代而有藝術感，也更能引起我的興趣。**如果你來新德里，建議你一定要到這裡看看**，因為在這裡，你不僅可以了解尼赫魯家族的政治命運，還可以了解到印度女總理的家庭裝飾風格、她的藝術品味與生活習慣。

印度女皇的故居，必打卡地點

英迪拉．甘地是印度近代最著名並存有爭論的政治人物之一，因其強硬與堅定的政治決策，被稱為「印度鐵娘子」，然而，從她的總理住宅裡，我看到的卻是溫情且女性化的一面。

她的總理住宅，透過玻璃窗戶，首先呈現在遊客面前的是寬敞舒適的大書房、一張椅子，每個房間都鋪著印度風情的地毯；兩側的牆壁都被裝滿書的書櫃占滿，面朝玻璃窗戶的牆壁上掛滿了各種畫作；跟書房連接的是臥室，跟她父親一樣，她睡的也是狹窄的單人床，上頭鋪著典型的印度棉質床單。臥室裡也有一排排矮小的書櫃，擺著家庭成員的照片，有父母的合照、大兒子拉吉夫和二兒子桑賈伊的合照，以及大兒子、兒媳、孫子、孫女一家的合照等。

書房和臥室都擺放著諸多不同材質、風格、國家的工藝品與藝術品，特別是客廳的牆上掛著很多唐卡、佛像等，增添高貴、雅致的藝術品味。臥室的梳妝臺上有一面巨大的正方形鏡子，旁邊是穿過的衣服，我忍不住想像她在此梳妝打扮的情形。床頭擺放著她生前最愛的一件紗麗，而在外面的展廳裡懸掛著她遇刺那天穿的紗麗，上面血跡斑斑。

義大利女人成為黨主席

尼赫魯家族的三任總理中，英迪拉及大兒子拉吉夫．甘地都是被刺殺的。在英迪拉紀念館中，也有一個拉吉夫紀念展廳，拉吉夫遇刺時的血衣，也懸掛著給參觀者看。冷冰冰、血淋淋的政治生涯，就透過血衣赤裸而直接的展示給大眾。我忽然想起國大黨現任主席，也就是拉吉夫的妻子桑妮雅，對被選上擔任國大黨副主席的兒子拉胡爾．甘地語重心長的說：「兒子，權力是毒藥，你的祖母和父親都曾位居高位，都為政治喪命啊！」

英迪拉．甘地的書房。

紀念館裡的圖文介紹為了凸顯客觀，總是沒有感情，可是桑妮雅和拉吉夫在英國相識、相愛、回印度舉行傳統婚禮、生兒育女的愛情故事，卻能在這冷冰冰的政治世界裡，讓人感到些許溫情。桑妮雅這個美麗的**義大利女子**，為了愛情來到陌生的國度，又出於對丈夫的愛，從一個家庭主婦**成為印度國大黨的主席**。在展覽裡，我被一張桑妮雅和拉吉夫，年輕時相愛的照片打動——照片下方有拉吉夫的自白：「我們的第一次相

英迪拉·甘地遇刺時穿的紗麗、鞋和帆布包。

拉吉夫·甘地遇刺時被血染紅的血衣。

尼赫魯逝世時躺的小床，床上鋪著他的故鄉喀什米爾的繡花床單。

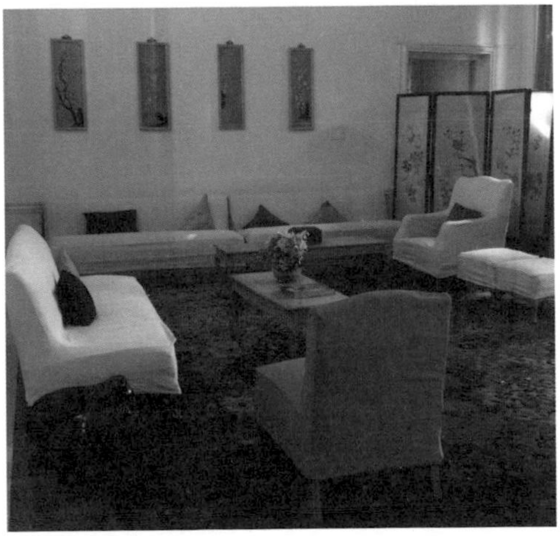

尼赫魯的客廳。

遇，是在英國的一家印度人常去的希臘餐館，看到她的第一眼就知道，她就是我的女孩，我們相愛了，而且一切進展順利。」（二〇〇四年桑妮雅本可出任總理但堅辭。）

還有一張拉吉夫一家人，準備騎自行車出門的全家福，充滿了真情暖意，照片中的他們，看起來就像一家很普通但很幸福的人家，而擔任印度總理的拉吉夫說：「自己一直很喜歡過平靜的家庭生活。而對桑妮雅和他來說，這變得越來越奢侈。」

再度在野

離開時，我在紀念館的商店裡買了三張明信片，分別是英迪拉青年、中年和老年時期的照片，我最喜歡的是那張她和孫女普里揚卡，手拉手玩遊戲的照片，此時，英迪拉是名享受天倫之樂的祖母，非常有人情味。我還買了一本小冊子《難忘的瞬間——英迪拉的自傳性文字》。我對於英迪拉的最初了解，是來自《法拉奇風雲採訪錄》中對這位「印度女皇」的採訪。讀完這本小冊子，更加深了對她的認識。

這本小冊子回憶了她的童年與青少年歲月，作為父親尼赫魯和母親卡瑪拉的獨生女，她早慧獨立，從小見證家裡成為政治運動的中心。青少年時，她就讀寄宿學校後，前往泰戈爾創辦的國際大學，學習印度音樂和舞蹈，並培養了她對自然和動物的熱愛，這點其實從紀念館的一處老虎雕塑，和她寫給兒子的信就可以看出——「很厭惡別人送來的一張老虎皮，也很高興人們更常拿起相機、而非獵槍，來對準動物。」她最喜歡的顏色是綠色、和秋天樹葉變化為各種層次的紅色和金色。她最愛的花不是花園裡的花，而是在春天遍布山區的野花。而最喜歡的事，也是閱讀和在山間叢林裡漫步。

她還談到影響自己很深的父親、聖雄甘地和泰戈爾，以及她在海外的一些經歷。小冊子中寫到不少日常故事，例如：她如何當女主人接待各國來客，還有家庭生活的細節等。她也記錄了很多內心獨白：「甘地帶領印度獨立的任務已經完成，卻如此突然的離開我們，我們像迷失在樹林裡毫無頭緒的嬰兒，要面對無數的困難。但是，甘地的精神、信仰、勇氣，以及為服務印度人民的決心等無價的遺產，將永遠留在我們心中。」

英迪拉最後提到最欣賞的個人特質是：真誠，有了解與幫助別人的欲望，且包含著道德、智力和身體力行的勇氣，是她最為欣賞的品德。當然小冊子中也談到她的政治觀點，例如她認為自由的概念，不是將英國殖民者趕走，建立印度人自己的政府，而是個人應該得到發展，應該跟貧窮、邪惡的社會陋習和迷信，以及任何阻止個人進步的東西鬥爭。不可否認的是，英迪拉是擁有驚人毅力的女性，她具有一項政治家需要的重要品質：**自己跟自己獨處得非常好**。

如今，尼赫魯—甘地家族的第四代拉胡爾．甘地，成為國大黨最主要的政治代言人，拉胡爾在很多政治元老的眼中，是個被母親過度保護的「小王子」。需要改變的印度人民，最終在二〇一四年的印度大選中，將選票投給了印度人民黨總理候選人的納倫德拉．莫迪（出身第三階級的種姓——吠舍），他成為一個雄心勃勃、意志堅定的新總理，而尼赫魯家族主導的國大黨，則轉為一個力量不可小覷的在野黨。

桑妮雅和拉吉夫年輕時相愛的合照。

英迪拉．甘地與孫女普里揚卡玩耍，享受天倫之樂。

14・在孟買

二〇一二年九月二十日至二十二日，我第一次來到**印度的經濟中心**，大都市孟買。總體來說，我比較喜歡這裡英殖民政府留下來的建築與街景，那些宏偉壯麗的英式老建築，在綠樹掩映下頗有舊上海外灘的感覺——但可惜的是，孟買絕對沒有上海整潔。

孟買：繁華的現代都市，但……

孟買夏季整體氣候比新德里涼快，但在雨季時經常下暴雨，嘈雜、溼潤且壓抑。我住在孟買最南邊的克拉巴島，離著名的沙宣碼頭非常近。到孟買的第一個清晨，我起了大早，跟著當地同事去碼頭買魚蝦，感受印度南部人民的日常生活。

那真是一派熙熙攘攘的景象——人未到但嗆人的海鮮味已撲鼻而來。人們摩肩接踵，身著豔麗紗麗的婦女，頭頂著盛滿海鮮的臉盆，在水泄不通的人流中穿梭自如。這裡海鮮很便宜，都不是論斤而是論盆、論條賣，一臉盆（五斤左右，中國一斤等於半公斤）基圍蝦約三百盧比（約新臺幣一百三十五元），一條兩、三斤重的金槍魚，才五十盧比（約新臺幣二十三元），三隻巨大的龍蝦（一隻約有一斤重）才兩百盧比（約新臺幣九十元）。不過，印度人真的太不講究衛生了，碼頭旁的漁船停泊在灰黑色的臭海水上，**整個碼頭臭氣熏天**，地面烏黑泥濘、毫無秩序、亂糟糟的，人潮多得連一隻腳都很難立足。只要逛上一會兒，就覺得嗅覺受苦，還髒了手腳。

停留在孟買期間，我抽空逛了下市區。據說，孟買是葡萄牙公主嫁給英國查理二世國王時的嫁妝，因此這裡**處處保留著葡萄牙和英國殖民者的痕跡**，不要說各類哥德式和新裝飾主義建築，連我去參觀的維多利亞火車站（現已改名為賈特拉帕蒂·希瓦吉站，以邦的民族獨立英雄命名）也有著英倫風格，沒想到一座**如此古舊的火車站**，**現在還在使用中**，**在中國八成已經被嚴格劃定為保護文物和景點了**，而且這裡已經成為孟買城際火車的樞紐，每天的人流量很大。

火車站設有自助電子購票機，當然傳統的火車月票或季票也在使用中：提前購買一大堆小面額的火車票，每搭一次火車便在一個特定的機器上，將數張等額的火車票打孔作廢。火車站附近的建築，都是殖民者留下來的，現在成了孟買市政大廳、鐵路管理局等政府要職部門的辦公大樓。

孟買還有一處著名的景點——海上清真寺。清真寺一邊利用一長段棧橋連接著陸地，其他三面是面向浩瀚的大海（海水仍舊是灰黑色）。這座清真寺是為了紀念一位虔誠的穆斯林信徒而建造，他出門朝覲時死在路上，遺體卻奇蹟般的漂回孟買。他的遺體也葬在這裡，大批信徒虔誠的前來朝拜。朝拜後，穆斯林攜家帶眷在寺外的海邊玩耍。印度小哥也給我們一條綠色絲巾蒙住頭，才允許跟印度女人一起從側面穿過鏤花的窗戶，瞻仰這位虔誠的穆斯林的陵墓，而男人則是可以堂堂正正的從正門進去膜拜。

孟買的景點很多，例如：中國領導人來訪時愛去的象島，到那必須坐輪渡在海上顛簸一、兩個小時。老實說到島上後看到石窟裡的雕塑時，我非常失望，相較於離孟買不遠的世界文化遺產奧郎加巴德城——阿旃陀石窟，象島算十分遜色。

象神：守護家庭，至於財運……

到孟買的第二天，剛好是孟買最隆重的節日之一——象神節。在印度，尤其是孟買人熱衷慶祝象神伽內什（Ganesha）在九月的生日。

印度是一個多宗教國度，光是印度教信奉的神就多達幾萬個，但象神伽內什無疑是最受印度教徒喜愛的神明之一。祂的形象是象頭人身，有四隻手，其中兩隻手持著法器，大腹便便、憨態可掬，或坐著、或撓耳傾身。伽內什在印度教裡被看作是**財富**、**智慧**、**幸運的象徵**，印度人認為伽內什很靈驗，會給他們**帶來好運**，由此被譽為印度家庭

孟買千人洗衣場貧民窟，用人力洗衣竟比洗衣機便宜！

孟買沙宣碼頭，請戴口罩進入。

的守護神。

全印度在每年**雨季，即將結束的八、九月期間**慶祝伽內什誕生，但要數孟買市的慶祝儀式最為壯觀，由於孟買有著名的旅遊勝地象島，因此也被稱為象城。每年的象神節，在為期十一天的節日最後一日，信徒還要舉行大型祭拜儀式。

二〇一二年的**象神節，從九月十九日正式開始**，但從十八日晚上，孟買當地民眾的慶祝活動就陸續開始了。走在孟買街頭，你會發現平日昏暗的馬路變得光亮，人們用五顏六色的彩燈，裝點著社區臨街的巷口，有些路口還用板材搭建起牌坊，上面印刷著各種象神圖案。在每個社區的空地上，工人修建起臨時棚屋，在裡面搭用來供奉象神塑像的檯子，棚子四周掛滿鮮花和小彩燈。

按照印度的法律，象神節開始當天全國放假一天。當天上午，我們驅車抵達位於孟買市中心的印度教神廟，每年大批信徒會雲集在這裡膜拜伽內什神像，祈求一年好運。道路兩旁都是排隊前行的人們，由於祭拜的人很多，在離神廟大門約五百公尺處，就被圍上鐵柵欄，由員警和志工維持秩序。

約正午十二點，神廟內幾位志工帶領大家誦經祈福，眾人雙手合十，伴隨音樂，整齊劃一的誦讀經文，誦經聲在莊嚴的大殿中形成共鳴。禱告區外一個擺放祈福供品的地方，堆滿了椰子、鮮花和糖果，結束祈福活動的民眾排隊領取這些供品，希望能把福氣帶回家。

印度朋友說，這個節日是當地除了灑紅節和排燈節外，最重要的宗教節日。為了過節，很多家庭都會把家裡重新裝飾布置，再請一尊伽內什神像供奉在家中，然後製作許多美食，邀請親朋好友到家中一聚，共慶佳節。

我們受邀來到一位朋友家做客。他家門前掛滿五顏六色的彩燈，客廳也布置得金碧輝煌，五色的彩燈像柳枝般從天花板垂落下來。最引人注目的是客廳中央的方桌上，供奉的伽內什神像，它頭戴皇冠，頭上還用玻璃製品點綴，顯得雍容華貴。

離開朋友家已近午夜時分，路上依然到處是慶祝節日的車輛和人群，從路邊臨時棚屋裡傳出的印度音樂、鑼鼓打擊聲，填滿整座城市。人們都沉浸在喜悅中，期盼在伽內什的庇護下，家庭和睦、生活富裕。

15・華麗歡鬧的印度教婚禮

我在印度參加過好幾場印度教婚禮，記憶最深的是剛來時參加的第一場。二〇一二年六月二十七日下午六點，我從印度朋友口中得知，他即將去參加侄子的婚禮，由於我表現出很想參加的樣子，這位熱情的印度人也邀請我一起參加。他的侄子可謂是新德里的「富二代」，坐擁好幾處房產，不工作、僅靠收房租，就能過上富人的生活，他的美麗新娘是雙胞胎姐妹之一。

印度人結婚前要先去住所附近的社區印度寺，接受神的祝福和親友的金錢祝福。寺廟裡供奉著，印度教徒尊崇的克利須那神和寺院的建造者，進入寺廟時，我被要求脫去涼鞋。人們進門後向神祈禱，然後跟坐在地上的新郎合照，並給他禮金。因為寺院裡非常黑，所以攝影師都舉著瓦數很高的照明燈，使得人感覺像在白晝。

我和友人的妻女在寺院門口，等待回家換禮服的他，門口有一個小商販，賣著印度特有敬神用的花朵——被串起來的清香白色小花、黃色的花，還有免費贈送的玫瑰花瓣。小商販看我總是俯下身去聞白色的小花，就剪了一節送給我，旁邊的一位印度婦女主動幫我戴在馬尾上，說我就像一位新婚的婦女。她說，**在印度只有已婚的女人，才戴**

印度教婚禮會通宵開趴。

新郎和父母在午夜前進行的儀式。

卐或卍字圖案不是佛教才用，印度教和耆那教也有，用以祝福座上的新娘。

這樣的白花。

從印度寺出來後，我們開車約四十分鐘後，到達新德里的古爾岡一處，專門出租結婚場地的區域。我們走過一座，被霓虹燈裝飾得斑斕璀璨的大門，裡面是一大塊綠油油的草地，點綴著白色的桌椅、舞臺、舉行儀式的高臺。吃了些馬鈴薯、炒麵等印度小吃和蘇打汽水後，我看著一位位身著各式各樣、晶光閃爍的華麗紗麗的印度女子款款走來，而小孩子在節奏感極強的音樂下載歌載舞，令我不由得羨慕起能歌善舞、熱情奔放的印度人。特別是迎接新郎前來時，親屬朋友抖動身體，在巨大的樂隊伴奏聲下比賽跳舞，男男女女歡呼雀躍，使出全身的力氣來比拚舞藝。跳舞的人群中不時有人拋灑盧比，使得樂手紛紛低身拾錢。

不一會兒，跳舞的人群將新郎推到了大門口，新娘的幾個姐姐已經拿著盛著花朵、蠟燭和甜食的托盤，整齊的站著等待新郎，當男方遞上一個大紅包，一位姐姐將托盤在新郎前面晃了幾圈，另一位姐姐則將一把草和樹葉放在他頭上，口中唸唸有詞。草和樹葉代表健康，這是在祝福新郎身體健康。

此前，在婚禮場地的新娘休息室裡，新娘早已經打扮妥當，跟親朋好友合照、接受祝福，同時等待新郎前來迎娶。有趣的是，中國的婚禮習俗，是新娘在自己家等待新郎迎娶，再被接到夫家才舉行正式的結婚儀式。在印度，當所有的儀式都濃縮在郊外的一個婚慶場所時，反而是**新娘等待和迎接新郎前來**一起舉行結婚儀式。因為我是婚禮上唯一的中國人，所以新娘和新郎的家人對我都很友好。

之後，新郎和新娘登上一個高高的、被精心裝點的旋轉臺上，互戴花環，接受大家撒花祝福和照相。然後，他們再到旁邊的另一個儀式臺上，親友紛紛和他們合照，我也湊上去拍了不少照片，景象十分精彩。

接著，新郎移步到門口的一個帳篷裡，嘴中喃喃細語的祭祀，他及父母進行著一場安靜的儀式，而且多為男性圍觀。由於時間關係，到晚上十二點，我們也只看到一部分儀式。

最後一部分據說要到一、兩個小時後舉行，即新人雙手鬆開後並排坐在一起，將他們披的紗巾的一角綁在一塊，然後新娘在前、新郎在後腳踏著地上的樹葉，繞火堆走七圈，每走完一圈便停步，新郎從後面抱住新娘，兩人雙手將米倒入火中。這是新人雙雙向神靈祈禱，保佑他們生活美好，將一切災難、痛苦、貧窮等，在火焰中燒盡的意思。

離開婚禮現場，凌晨一點我才回到家，本以為已經很晚了，但印度朋友說，**完整的印度教婚禮，會持續到次日凌晨四、五點**，人們的歡慶要維持五天左右。讓我不由得佩服印度人的精力。

婚禮得進行 5 天。

16・果阿的電影節和班納吉閒晃

為了報導第四十三屆印度國際電影節，我來到印度西南沿海美麗的海濱度假勝地「果阿」邦（離孟買六百公里）首府班納吉。這個海濱城市迎來一年一度的電影盛宴，全城被裝飾得異常漂亮，張燈結綵、人流雲集、熱鬧非凡。夜幕中的街道更是璀璨多姿，電影節讓整個城市充滿文藝和節日氣息。

《少年 Pi 的奇幻漂流》為印度電影百歲慶生

參加國際電影節最大的福利，便是有無數來自全世界的新片、好片讓人大飽眼福，我一連看了好幾場電影，包括印度導演在拉達克拍攝的《小色戒》（*Samasa*）、法國和波蘭合拍的《裸色告白》（*Elles*）、菲律賓和英國合拍的《利耶從未發生過》（*Lilet Never Happened*），以及印度導演穆札夫法爾・阿里（Muzaffar Ali）於一九八一年拍攝的《勒克瑙之花》（*Umrao Jaan*），巧合的是，我無意間選的電影，都是反映像妓女等邊緣女性的題材。

此次，我特別關注華裔導演李安的新作《少年Pi的奇幻漂流》，我不僅幸運的早於中國看了印度的首映場，還採訪伊爾凡·可汗等主要印度籍演員。電影節閉幕片是米拉·奈爾的《拉合爾茶館的陌生人》，該片更是讓我回味無窮，這部電影探討了九一一恐怖攻擊事件，對居住在美國的巴基斯坦裔穆斯林的人生影響。

自一九五一年，首屆印度國際電影節在果阿舉行以來，該電影節成為**印度向全球觀眾推廣該國電影的重要平臺**。二〇一二年恰逢印度電影誕生一百週年，因此本屆電影節，除了國際電影競賽和展覽外，更致力推廣印度電影，不僅在電影宣傳活動「印度全景」，放映二十部劇情片和十九部紀錄片，還特別推出「紀念印度電影一百誕辰」特別致敬展覽，播映印度著名導演姆林納爾·森（Mrinal Sen）、阿多爾·柯普萊克裡什汗（Adoor Gopalakrishnan）等人的精選電影，包括印度導演維傑·阿南德（Vijay Anand）一九六五年導演的老電影《嚮導》（*Guide*）；二〇一一年獲得印度電影最高榮譽獎——帕爾奇獎（Dadasaheb Phalke Award）的印度明星演員沙米特拉·恰特爾吉（Soumitra Chatterjee）的七部代表作；印度著名電影大師穆札夫法爾·阿里和基拉希·卡薩爾維利（Girish Kasarvalli）的經典作品，以及十一位二〇一一年，離世的電影人的作品，同時也為主修電影的大學生，提供展示自己的平臺。

本屆電影節的國際評審團，由印度著名導演高塔姆·高斯（Goutam Ghose）領銜、羅馬尼亞演員安娜瑪麗亞．瑪琳卡（Anamaria Marinca）等四位知名電影人組成。

電影節主辦方，還舉辦了一系列電影論壇和講座，讓觀眾能夠跟來自全世界的電影大師面對面交流。論壇不僅回顧印度電影自一九一三年，在孟買誕生的首部電影以來的百年歷程，還探討「印度獨立電影，如何取得外部資金支持」和「印度電影走向世界」等話題，更有好萊塢大片《少年 Pi 的奇幻漂流》的選角導演，跟大家分享發掘男主角蘇拉．沙瑪的祕訣。一位印度中央電影局負責人發言說，印度設立支持紀錄片的基金會，已經十三年了，取得不錯的成就。令人鼓舞的是，現在有更多的個人和機構，投入到電影行業中。如今印度電影商業片資金充足，不缺廣告商和投資商，甚至還遠赴海外拍攝，然而印度的獨立電影，卻缺乏足夠的資金支持，無法購買電影製作設備和道具，甚至沒有足夠的錢聘請更多的演員。

在「印度全景」非競賽活動的開幕儀式上，印度電影人展示對電影的熱誠和激情，他們將畢生的精力無私奉獻給電影行業，一直執著於追求自己的電影夢，絕不向商業妥協。而這個精神更是鼓舞印度年輕一代的導演，一位印度電影導演說，自己在電影學院學習了三年，也不及親身跟印度導演維傑（B.Vijay），拍攝一部電影要學得多。

印度電影如今在國際影壇的地位日漸增高，也越來越受到全球觀眾的喜愛，這得益於印度獨特的文化，以及高深的哲學思想，印度有英語這個語言優勢，也使其電影更能

寶萊塢明星阿克夏・庫馬爾是此次電影節的主要嘉賓。

《少年 Pi 的奇幻漂流》作為 2012 年果阿國際電影節開幕影片，其主演伊爾凡・可汗和塔圖也來到果阿。

果阿的海灘。

歷史悠久的果阿舊城教堂群落。

被歐美英語世界接受。近年來印地語、馬拉地語等本土方言電影，也頻繁被翻譯成英文版本。而印度電影現在面臨的最大危機，是獨立電影和有深度思想的電影發展不足。電影發行商和院線只注重商業利益，而不注重電影中的深度反思，造成獨立電影無法在電影院跟觀眾見面，淪落到邊緣地位，也影響了印度電影的整體品質。

不容錯過的舊城教堂群落

工作結束後，抽空遊覽了一下果阿舊城。在豔陽高照的大熱天，我騎著果阿人民熱愛的小摩托車，靠著路邊指示牌和艱難的問路，最終找到果阿老城區。

一路上，我們經過無數青翠的椰樹，和五彩斑斕的葡萄牙風格的獨棟小屋，後來到達一片開闊的地方，散落在此的諸多天主教教堂，彷彿在等待著我們的探索。

這些教堂在一九八六年，被聯合國教科文組織列入《世界遺產名錄》。在老果阿，存有聖方濟．沙勿略棺木的慈悲耶穌大殿，是教堂中最著名的。果阿是葡萄牙人占領印度時的首都，這些教堂是葡萄牙人留下的歷史古蹟，也見證了葡萄牙人在亞洲傳播基督福音的歷史。

海濱旅遊勝地果阿邦，除了葡萄牙風情的教堂與海濱沙灘外，合法賭場同樣大名鼎鼎。果阿是印度少數擁有合法賭場的城市，人們來果阿度假的同時，還能去賭場小試身手。這需要乘著輪船到達PRIDE CASINO（譯作：驕傲遊輪），這個被無數螢光燈飾裝點的賭場，二十四小時猶如白天，裝修有些富貴。這個遊輪有三層開放給遊客，一層是下注限額較低的小額賭博遊戲，像二十一點、賭大小等；第二層的最低下注籌碼，是五千至一萬盧比；最高一層是免費自助餐廳，以及現場寶萊塢歌舞表演。

不少普通印度人喜歡帶著全家老少來此玩耍，大人們在樓下試一下運氣，老人和小孩在三樓吃吃喝喝，其樂融融。

17・「水深火熱」在印度

作為別人眼中的文藝女青年，我曾經也幻想，能過上像《遠離非洲》的丹麥作家伊莎・丹尼森（Isak Dinesen）筆下，那種浪漫優雅的國外生活——「在國外，你終於可以不再理會世俗的框架。於是，只有在夢裡才能找到的一種全新的自由，就此鋪陳開來。」然而，現實生活卻遠沒有書中浪漫，只有各種限制自由的桎梏。

我對印度的採訪與探索是不夠的。在印度工作困難重重，雖然主要跟主觀原因有關，但造成現狀的客觀原因也很多。

其一，**恐怖事件頻頻發生**，在中國駐印大使館轉發的各類恐怖主義襲擊的警報下，我被要求別頻繁出入人多的場合。印度一直自稱是「受恐怖主義之苦最嚴重的國家」，喀什米爾地區時常烽火不斷，並源源不絕的向全國各地宣傳「恐怖主義」，新德里曾發生震驚世界的「議會槍擊案」和「紅堡槍擊案」，其他各類恐怖主義爆炸事件的發生地點，多為街道、電影院、市場、旅館和酒店等人多的場所，世界上沒有哪個國家的首都，在非戰爭時期，遭受過如此頻繁的恐怖事件，導致百姓如此多死傷。

其二，熱帶疾病多。來印度之前，打了好幾個預防熱帶疾病的疫苗。在新德里，由蚊子攜帶的熱帶致命疾病——登革熱，非常厲害，印度每年死於此疾病的人也不少，連著名的印度導演耶什·喬普拉都是因為登革熱，於二〇一二年十月二十一日死於孟買。二〇一三年十月，新德里政府發布的最新資料顯示，這一季市內共有一千三百五十五人登革熱測試結果呈陽性。不過，僅在九月上旬，醫生南迪塔·查克拉博蒂就診治，兩百六十三名登革熱測試結果呈陽性的患者。普遍的醫學見解是，新德里已有數以萬計的居民被感染，整個印度的感染人數可能達到了數百萬。當年《自然》雜誌刊登的跨國研究報告顯示，印度已成為全球受登革熱危害最嚴重的國家，全世界約有三四%的病例發生於印度。

我身邊已經有好幾個中國人在雨季過後（每年的九月和十月）悲慘「中招」。我的前同事曾與家人在住處前面的小公園裡散步，也不幸得了登革熱，還有同事得了此病後直接回國。因此，我在登革熱尖峰期不敢輕易出門，更是割愛捨棄了我常去的小公園，因為那裡蚊子最多。

雨季時節，公園裡的蚊子常攜帶登革熱病毒。

其三，自然條件差。最大的挑戰是炎熱，夏天的新德里酷熱無比，有時候溫度高達攝氏四、五十度，彷彿置身於蒸籠中，幾分鐘就能讓人大汗淋漓，無法忍受，我們只好避免白天出門。待在空調房裡時間太長，體質容易變差，特別容易生病。新德里的**冬天霧霾嚴重**，空氣非常汙濁；**這裡的水完全不能喝，喝了就拉肚子**，可是長期喝瓶裝水對人體也不好；**新鮮蔬菜太少**，可選擇的食物也不豐富，容易營養不足造成免疫力下降。

其四，身為女性，在新德里還面臨著被性騷擾與強姦、輪姦的風險。印度媒體幾乎每天都在報導各類強姦案件。二〇一二年十二月底發生了一起惡性輪姦案件，一名二十三歲的女學生，跟男性朋友一起被誘騙上一輛公車，這名女學生慘遭車上六名男子輪姦，最後因多器官衰竭而死。此後印度修改了強姦法案，對罪犯採取更嚴厲的懲罰措施，並成立審理強姦案的快速法庭。但在印度類似案件仍層出不窮——不久後，一名孟買的女攝影記者，在一處偏僻的廢棄工廠採訪時被輪姦；九十三名女學生集體出遊，在比哈爾邦邦派特納乘坐火車時，有一部分女學生遭到印度男性長達四小時的性騷擾。當我寫這篇文章時，印度電視臺ＮＤＴＶ報導，一名十七歲的女孩在孟買，被電動三輪車（俗稱「突突」）司機及其朋友輪姦。這讓我每次坐印度最普遍的交通工具「突突」時，都很謹慎。由於新德里對女性不利的治安環境，我也被要求晚上減少跟他人外出、避免單獨外出。

18・德里往齋浦爾，搭火車

二〇一三年一月二十七日，我去西部拉賈斯坦邦齋浦爾，參加第六屆齋浦爾國際文學節。此行選擇了印度最大眾的交通工具——火車。從德里到齋浦爾的火車，是下午三點二十分出發。在老德里火車站，我在一個不懂英語的印度小夥子的幫助下，竟然上對了火車。但印度的火車購票系統有些落後，**買票時，我並未被告知自己的硬座車廂和座位**，要等車開後，列車員在列印出來的一疊紙裡，尋找我的座位。第一次單獨坐火車，提著沉重行李的我，無奈的換了三次座位，才坐對地方。

大名鼎鼎的齋浦爾文學節，是南亞最大的國際文學節，第一次前往的我非常興奮。文學節在南亞英語人口最大的國度舉行，吸引了世界各地的作家、書商和文學愛好者，其中既有歐美臉孔，也不乏亞洲臉孔，當然各類印度型男美女也盡收眼底。

我見到了很多書寫印度、書寫世界的著名作家，例如：寫《不顧諸神》的英國《經濟時報》駐印記者愛德華・盧斯、寫《與世界同步：印度的困頓與崛起》的印度印孚瑟斯技術有限公司的老總南丹・尼勒卡尼等。我還專訪了美國作家彼得・海斯勒（何偉）和旅美華人作家李翊雲。

他們也向我傳授一些寫作的祕訣。何偉的祕訣是「跟當地人建立緊密關係」，他說：「你可以寫自己對印度的偏見，是如何改變的。」他還建議我學印地語。李翊雲說：「我個人的愛好是**在咖啡館等公共場所觀察人**（People Watching）。」**這是一些作家獲得創作靈感的方式**。在印度，我也盡可能抓住各種機會，觀察印度人和印度社會，並堅持記錄下所思所想。

回德里時，我在齋浦爾破舊的火車站等車，看到一家或是兩家人，在地上鋪一張髒舊的布，從行李包裡拿出印度的麵餅「恰巴提」，夾著馬鈴薯番茄泥，旁邊放一瓶白水，就怡然自得的在月臺上用起午餐。這情景讓我想起美國作家保羅·索魯在他的《大鐵路市集》一書中的〈邊境郵車之旅〉裡寫道：

聽印度人說，要想了解真實的印度，你要去鄉村看一看，但不一定非得下鄉，因為**印度人已經把村莊搬到了火車站**……到了晚上和清晨，這個車站村莊就完整了，這些鐵道居民占據著車站，車站村莊將其生活的內部情景，如此清晰的呈現在眾人眼前。

我坐了印度等級最差的火車，普通的硬座，票價一百盧比（約新臺幣四十五元），從自齊浦爾到德里，長達六小時的車程來看，票價著實便宜，但條件也非常艱苦，一節車廂本來是六個臥鋪，結果改成了一排排的硬座，小小的隔間裡竟然擠下二、三十人。大家坐在自己的位置上一動也不動，走道裡也被人占據，這二、三十人裡**只有三位女性**，其中還包括坐在窗邊的我，被印度人「行注目禮」是不可避免的，我只能迴避和忽視他們看我的眼神。來印度後，我已經在這項技能上修煉得造詣很深了。

火車上，偶爾有小販叫賣印度茶、瑪莎拉湯，我一連喝了兩杯，對饑腸轆轆的我來說，這再平常不過的湯汁，當時喝起來也甘之如飴。「Pani!」當我對著小販，用印地語要「水」時，車廂裡的印度人都很驚訝的看著我。他們也會禮讓我，讓我先拿到小販販售的湯。可是這節擁擠的車廂裡，發生了一則令我不悅

車廂裡擠滿了人──男人。

的小插曲，一位從廁所裡衝出來的印度男人，竟然沒有拉好褲子拉鍊，露出自己的下半身。在印度太容易看到男人暴露的「林伽」了。

在齋浦爾火車站等回德里的火車時，兩位印度男人主動遞給我薯片，還要請我喝印度奶茶。其中一位自稱是做生意的二十五歲男生，用手機向我介紹他在網上認識的臺灣女朋友——一位自稱二十二歲的餐廳經理，我一看那照片，一張濃妝豔抹的中年女性臉龐，肯定謊報年紀，再看她那暴露的穿著、背景牆上的豔俗海報，顯然是在色情場所拍攝的。他看上去有些矛盾，認為等待她有些不切實際，所以問我是否要繼續等待她來印度。我猶豫著要不要真實說出我的看法，或許我有些多管閒事，我只好叫他自己做決定，因為他似乎很相信網路情緣。後來，他們幫我拎行李，送我上對了車廂，也沒有要小費，倒是難得，因為我遭遇太多次別人因幫了點小忙，而大肆索取小費的事情。

19．跟印度人一起歡慶灑紅節

二〇一三年三月二十七日是印度的狂歡節——灑紅節（Holi）。灑紅節是印度人民慶祝春天到來、萬物復甦的節日，還有一種說法是歡慶收穫的節日。

當天我和朋友坐著突突前往尼赫魯大學的路上，看到不少行人「掛了彩」，四個印度男生披著粉色的顏料，坐在路邊聊天，經過校門警衛室，就看到一個臉上塗著藍粉的人，歡樂的自顧自跳起舞來。

上午當我們到達尼赫魯大學傑赫勒姆草坪時才發現，這裡其實是一塊沒有草坪的泥巴空地。上百人雲集在這片「草坪」上。不僅有學生，還有不少社會人士，除了印度人，外國人也挺多。擠在這塊塵土飛揚的空地上，互相擦抹或是拋灑彩色粉末，人們一邊往對方臉上抹粉末，一邊開心的喊：「灑紅節快樂！」還有人準備了各式各樣的水槍和水球朝人群射擊。抹了太多人後，我們就專門挑帥哥和美女來抹。不時能看見男性互相抹完粉再擁抱，還有一群人圍圈跳舞，或者搭人肉火車在人群中穿行。更有甚者，爬上樹來觀戰或是拍照。看到不少高個兒的歐美人，**一律穿得一身白**，染上斑斑點點、五彩斑斕的顏料後，格外好看。最瘋狂的是，男性之間集體進攻一名男性，撕扯他的上衣，還有人在泥潭裡打滾，或是眾人舉起一名男性起鬨。這邊正熱鬧，那邊有人敲著自製的鐵皮鼓和塑膠板做的鑼。忽然，人群中出現一個戴著萬聖節鬼怪面具的人，還有個小夥子玩起了「快閃定格」，無非是為了吸引大家的目光。

灑紅節上還有很瘋狂的，喝藍色迷幻飲料的人，這種飲料威力十足，據喝過的人說，喝完以後，人像走在雲朵上，身體不受控制，也相當危險。這種被稱為**「印度大麻」的東西竟然可以公開販售**，讓我不得不佩服印度的自由與開放（大麻酸奶非常便宜，不一定是藍色）。

在我看來，灑紅節是一個讓民眾狂歡和放縱發洩的歡樂節日，很多人甚至認為，這樣的節日有利於社會的穩定。中國除了傣族有類似的潑水節之外，漢族也應該多一些這樣的節日，來讓普羅大眾發洩各自對生活的不滿與不甘。

尼赫魯大學裡的瘋狂灑紅節。

20・我在印度學開車考駕照

在新德里，大眾交通工具（公車、地鐵等）並非四通發達，突突是最普遍的交通工具。印度的小汽車生產量大、價格也相對便宜，自己開私家車成為印度中產階級家庭出門的首選。但無私家車的人若要體面出門，例如：你若想在大街上**即招即停一輛計程車，那是不可能的，需要提前預訂計程車且價格昂貴**。

印度駕照用雞腿換不到，但花錢可買到。圖為德里南部一家駕訓班的名片。

在印度，駕照是身分證明之一。在印度的外國人如果有一張駕照是很管用的，它可以直接作為身分證件，甚至不須出示護照，就可以在印度國內坐飛機、住旅館。然而，**取得印度駕照難度似乎並不大，本地人花個幾千盧比**（約新臺幣一千至兩千元）**就能買張駕照**，即使是正規的考試，也很輕鬆就能過關。駕訓班不負責任的培養出大量的「馬路殺手」，加上印度的道路情況糟糕，司機也不遵守交通規則，因此對於新手來說，在印度學開車，真的是一個膽戰心驚的體驗。

新德里的一些駕訓班都是採取「新手直接上路開」的教學模式，一位在國內從未學過開車的中國朋友，被這種教學方式嚇得心跳加快。當然，教練會坐在副駕駛的位置，但即便如此，對於從來沒有接觸和學習過開車的人，還是不敢直接上路，這就像要求一個還不會走路的小孩，奮力奔跑一樣。

我在新德里南部一家私人駕訓班報了名，相較於北京的某些知名駕訓班高昂的學費，這裡的學費著實便宜，本地人只需要付幾千盧比，而外國人則要繳納近一萬盧比，只需要花四天的學習時間，一共是八小時的實際道路練習。駕訓班為了整合資源和節約時間，一般都讓前一個學員在當天練習快結束時，開車去接下一個學員，而下一個學員當天練習的開始，就是把前一個學員送回家。所以，駕訓班通常把順路的學員，安排在同一天相近時段練習，就這一點而言，印度人腦子挺靈活的。

上完練習課後不到一週，在寫了幾道交通筆試考題，上交了護照、簽證、居留證等諸多資料後，經歷了一個上午的等待，就可以拿到初學者駕照。由於我的印度簽證三個月後過期，駕訓班說要等我續簽後再辦永久駕照。而三個月後，駕訓班經理讓我帶著相關檔案，去新德里東部的一處交通管理部門等候，並要多交兩千盧比（約新臺幣九百元），我看到他找了該部門某個人走後門，明顯是之前賄賂與招呼過他，而且從一個工作人員那裡得知，駕訓班多收了外國人很多錢。我覺得這個永久駕照，是個地下交易的產物，讓我憤而拒絕，揚長而去。

21・在「藍色之城」感受國際民歌節

在印度拉賈斯坦邦西部的焦特布爾的五天，**讓我越來越喜歡印度**。人們說太好的經歷像夢一樣，而我覺得，這次的經歷像夢般不可思議，卻是真實發生的。

民間音樂的活化石

我這次來焦特布爾，是為了報導「二〇一三年印度拉賈斯坦邦國際民歌節」。從十月十七日到二十一日，民歌節在焦特布爾市最大、最著名的梅蘭加爾古堡（Meherangarh Fort）上演。來自印度拉賈斯坦邦的專業民間樂師，為來自世界各地的觀眾演奏。

我很喜歡每天上午十一點開始，持續兩個多小時的互動節目。觀眾坐在古堡裡的草坪帳篷，拉賈斯坦邦的民間樂師為大家表演。十月十九日，這天主要介紹的是，來自拉賈斯坦西部的穆斯林樂師集團曼加尼亞（Manganiyar）。他們屬於拉賈斯坦邦西部，是最大的專業樂師種姓，專門為自己的雇主在生子與結婚等，人生重大時刻提供音樂和儀式服務，同時換得牲畜、金錢和雇主農業或畜牧業收入的分成。**樂師跟雇主的關係是世**

襲的，只要該地農村社區，能夠維持這種傳統的組織，專業樂師團體就會一直存在下去。

互動環節還展示、並讓觀眾嘗試了樂手演奏用的快板、琴、大鼓、黃銅缽等當地樂器，還有一位老人使用一種自製的樂器。他將一個陶罐蓋子放在鐵盒中加水，挪動蓋子的同時用木棍敲打鐵盒邊緣，再佐以印度手鼓來演奏。

到了晚上，在古堡裡的斯利納加集市（Srinagar Chowk）鋪著墊子和枕頭的露天地上聽印度民樂，看滿月在天邊，涼風習習，享受著四周古堡城牆的懷抱，好不愜意！入夜後的主舞臺，法國民樂瑪雅（Maya）、吉普賽─全明星（Gipsy-allstars）等西方樂隊帶來的演奏都很吸引人，特別是西方樂手跟印度樂手的融合演奏，妙不可言，雷鬼等節奏強的音樂，則帶領著西方觀眾翩翩起舞。

來自拉賈斯坦西部的穆斯林樂師團體曼加尼亞，他們屬於拉賈斯坦邦西部最大的專業樂師種姓。

王公的新舊城堡

焦特布爾被稱為印度的「藍色之城」。世界上有名的「藍色之城」有三座，與聖潔純美的希臘聖托里尼島、悠然世外的突尼斯藍白小鎮截然不同，**焦特布爾是一座沙漠中的豔媚之城**。有人說，它是沙漠裡的藍色妖姬。（恐怕真正的藍色妖姬，是那些身著豔麗傳統服裝、美麗的印度女子吧！）

我總認為，既然號稱「藍色之城」，為何不把全城所有的房子都塗成藍色？但是當我站在古堡上望向全城時，我發現，藍色混合著黃色和灰色的房子，反而更有層次和立體感，更夢幻。

雖然古堡、寺廟很美，可是這裡舊城區的街道實在是狹窄無比，灰塵滿天，讓人窒息，讓皮膚乾燥的空氣時刻提醒你，你離沙漠很近。這裡的空氣可真乾燥，我都流鼻血了。當地朋友說，吃洋蔥能維持身體的水分，所以，當地人非常愛吃洋蔥。此外，洋蔥可以吸收身體熱量，起到降溫避暑的效果，當地居民為了避暑，通常也會在長衫的口袋中，放幾個去了皮的洋蔥。

這裡的梅蘭加爾古堡被《紐約時報》，評為**「亞洲保存最完好的城堡」**，確實，我去過「粉色之城」齋浦爾、「白色之城」烏代布爾（Udaipur）的古堡，但是梅蘭加爾古堡建築更完好、更漂亮。而且，它還安裝了電梯、現代化的廁所，舉行節慶活動時，古堡裡還能設置一個摩登酒吧，搭建聲光效果良好的舞臺。

現任焦特布爾王公噶嘉．辛格（Gaj Singh），及其家人如今居住的**烏美巴萬**（Umaid Bhawan），**是一座巨大的棕色沙石宮殿**，左翼供皇室居住，右翼被開闢為泰姬酒店，中間部分為向公眾開放的博物館。

博物館門票六十盧比，不貴。一進門便是關於這座宮殿的建築師——波蘭建築師及畫家羅賓（Robin）的生平介紹，與宮殿的建築過程等照片的展示，之後是王公收集的來自世界各地的玻璃、銀質等各種材質的家具和餐具，其中還包括來自中國的各色瓷器，以及王公喜歡的馬球用具實物和攝影展，以及王公喜歡的飛機攝影展。王公還收集了來自世界各地的鐘錶，其中有一個青花瓷器托盤的鐘錶，那時候王公已經開始佩戴裝有錶盤的戒指。

其中一個宮殿展示了波蘭畫家繪製、後由印度畫家修復的巨幅壁畫，它是以印度神話為題材。這個宮殿十分乾淨、奢華且時髦。我只是覺得，博物館展品太少了，有些看不夠。

「藍色之城」焦特布爾。

22・蒙古利亞臉孔

在印度，你會發現這裡有很多長得跟中國人類似的蒙古利亞臉孔，只是他們的皮膚普遍偏黑，且完全不會講中文。

儘管他們跟雅利安人種的印度人，長得很不一樣，但他們的當地語言有阿薩姆語、波多語、孟加拉語、英語等，一些到北印工作的東北邦人，也會說印地語，居住在南亞次大陸。他們來自**印度東北部的七個邦**，**被稱為「東北邦人」**，一些東北邦的年輕人來到新德里、孟買、邦加羅爾等大城市的商場或餐廳等場所工作，

東北邦人多為蒙古利亞人種。

很多售貨員、服務生、家政傭人等也是他們的同鄉。

因為長相、生活習慣和文化宗教等，都跟印度教徒不一樣，他們在印度屬於少數派。而且，東北邦的武裝分裂勢力也相當活躍。東北邦的武裝叛亂分子擁有軍事武器，也會用暴力鬧獨立。

東北邦人在印度主流社會，常受到歧視。東北邦的女孩子，也經常淪為被印度男人調戲的對象，以及性騷擾、強姦和暴力的受害者，被一些印度人認為是生活開放、作風不檢點。她們走在路上，會被問到：「東方妞，真性感，多少錢一次啊？」印度裔作家西達爾塔．德布（Siddhartha Deb）曾經採訪過兩個東北邦的女孩，並載她們回住處時，被自己的司機誤以為他在找妓女。

二〇一四年二月，東北邦男孩尼多在新德里被群毆致死的案件，則是東北邦男性同樣被歧視的例子。事件發生後，新德里警方給生活在這裡的東北邦人，發了一個「安全手冊」，內容也充滿歧視，包括：當你烹煮竹筍等有臭味的菜餚時，請不要在社區裡引起騷動；在房間裡像羅馬人那樣——不要脫衣服；當你衣著暴露時，請不要獨自在小巷裡行走。

東北部七個邦的少數民族衝突頻繁。阿薩姆邦在二〇一二年，發生當地波多族和穆斯林團體的暴力衝突。後來有媒體發布，印度全國各地的穆斯林，會襲擊東北邦人的謠言，導致成千上萬的東北邦人，從印度的各地返回家鄉。相比印度的其他邦，印度東北邦的經濟發展相對落後，沒有多少工業與產業，因此這裡大多數年輕人都選擇到新德里、孟買、邦加羅爾等大城市打工。

如果你在大城市的泰式按摩店、咖啡館或是日韓餐館等服務業場所，見到打扮和長相很像東亞、東南亞人的服務生，他們很可能就來自東北邦。在新德里南部的一家泰式按摩店裡，東北邦按摩服務生，穿著泰國服裝為顧客服務，**連這裡的老闆都分辨不出，泰國人跟中國人，更別提普通印度客人，能否分清東北邦扮成的泰國人，和真正的泰國人了**。我接觸的這些來自東北邦的「德里漂」一族，往往長得都很漂亮——喜歡在上下眼皮上畫濃重的黑色眼線，打扮得相對時尚與西化，某些人的思想也較開放，英語也說得流利。

對我而言，每次遇到他們，都有一種臉孔上的親切感，但是他們對我卻視若無睹，一眼就可以看出我是外國人。我嘗試跟東北邦女服務生聊天，但她們對我也只是客套的聊個兩句，並不像印度教徒那樣對我好奇。

23・印度菜：如果你不吃羊，那……

我和一位印度朋友，去新德里古爾岡的一家中國餐館吃晚飯，我只點了一葷、一素兩個菜，可朋友卻嫌我點得有些多，我只好說想打包回去。他對我的「大食量」感到驚訝，但老實說只有一小碗米飯而已，分量真的不多啊！而他只吃了半碗就說飽了。

他還語重心長的講了一個印度寓言故事：印度教神克利須那聽說，森林裡有一位婦人非常大方，即使家裡很窮，但只要有客人來，都會傾盡家中所有東西招待。克利須那想要考驗這位婦人，他帶著二十多個隨從，來到這位婦人家中，可是婦人家裡只有一粒米。婦人很為難，向神祈求該怎麼辦？神說：「妳拿那一粒米給他們吃吧。」於是克利須那吃了那粒米後，其他二十多個人都有了飽足感。朋友說，這個寓言是要表達：在印度，吃越少越好。可

南印主食以米製品為主。

印度和中國飲食風格差距甚大，在中國能吃就是福，印度則是吃越少越好。

是我說：「中國人認為，能吃是福，越能吃代表身體越好。」

確實，在飲食文化理念與實踐上，中印的差別實在太大了。

就食量而言，相較於中國人，我遇到的**印度人吃得不算多**，一般在餐廳吃飯，兩個人只點一小盤菜，三個人吃兩盤菜。我曾見一名在當地郵局，負責包裝包裹的員工，他的午餐是自帶的一個麵餅和一小碗馬鈴薯泥。在孟買，**成千上萬的低收入工人，每日午餐就是兩根既便宜又能吃飽的香蕉**。除了經濟考量，我以為部分原因是天氣太熱導致人們食欲不佳，所以印度菜偏辣、偏油，以刺激食欲，副作用可能是會讓體味變重。

就食材來說，**印度的主食也跟中國一樣：南部以白米為主，北部以麵食為主**，但不同的是，北印度菜的口味以油膩微辣為主，以咖哩為特色——一般由咖哩粉加水調製而成，咖哩粉包括胡椒、薑黃和茴香等二十多種香料調成。而且，菜品更華麗漂亮；而南印度菜，香料多用咖哩葉與芥末籽，口味較重，以酸、鹹、辣味居多，喜用椰子做配料，菜式較為簡單。就烹調方法而言，印度菜多為亂燉、燒、烤、炒與蒸等。

但印度菜餚的食材，相較於「民以食為天」的中國來說，簡直太匱乏了。對於普通印度人來說，日常做菜最愛用洋蔥、番茄和馬鈴薯，當然生菜、白菜、秋葵也會應季節販售，然而**印度北部的葷菜食材，只有羊肉和雞肉**——我們常在新德里以外的小地方，裡頭的小餐館吃飯，菜單翻來覆去，上面的肉類真的都是這兩樣。占印度人口主體的印度教徒視牛為聖物，所以絕不吃牛肉，而印度的穆斯林不吃豬肉，就連新德里的「中式」餐廳，也對餐點的用料做調整，原本應該放牛肉末的麻婆豆腐，在這裡卻換成了羊肉末，西湖牛肉羹當中的牛肉粒，也以雞肉來代替。**在南印沿海地區，人們比較經常吃魚蝦等海鮮**，所以，我這位中國南方姑娘，還是比較喜歡南印。而印度甜品和小吃，多為凝乳與優格，普遍偏甜，鮮果汁、咖啡與紅茶是他們最常見的飲品。

印度教徒的**上層種姓，基本上都是素食主義者**，連做菜用的油也主要是植物油、而非動物油，嚴格的婆羅門甚至都不吃洋蔥、大蒜、紅薯等根莖類的植物。而且很多印度教徒，都不吃除了雞肉以外的任何肉類。一名中國女留學生曾向我抱怨說，無法理解自己的印度男朋友，為什麼不嘗試一下，就拒絕所有除了雞肉外的肉類？我發現這可能是印度教徒，從小就培養起來的飲食習慣——除了雞肉，其他的肉類都不能吃，就類似於很多國家認為，昆蟲不能吃一樣。

在北印山城奈尼塔爾，我望著城中心一大片碧綠清澈的湖水，和水中游動的魚兒，特別想吃新鮮的湖魚，但是這裡的印度餐館老闆對我們說：「對不起，我們沒有魚，只有一些從南部孟買運來的冰凍海魚。」**對於內陸的印度人來說，河魚或湖魚不在菜單上**，因為牠們不是一種能吃的食物。

24・我在德里交朋友——南德女士

我被身邊謹小慎微的中國人勸誡，印度騙子很多不要輕易交朋友。但幸運的是，到印度不久，我在瑜伽課上認識了一位印度朋友——新加坡籍的女印度心理諮詢師南德（化名）。她邀請我去中國餐廳（當然是「偽中餐館」）吃飯。她相當西化，跟美國人一樣，說話熱情過度，甚至有些誇張做作。

南德出生於新德里，早婚後跟丈夫居住在孟買，隨後移民到新加坡。

我認識南德時，她已經四十八歲了，離婚後她跟母親住在新德里南部。她有兩個二十來歲的兒子，前夫娶了華裔妻子並定居新加坡，但她並不恨他們：「因為他在跟我離婚之後，才找了新的妻子，我們三人相處得很好。」她還有一個英印混血兒男朋友——一個對婚姻憤世嫉俗的中年男人。

我們認識於二〇一二年七月，當時她對新德里並不熟悉，所以我們說好一起探索新德里，例如：尋找好吃的餐館、好玩的地方。有一次，還跟她一起去拜神。

那天是二〇一二年八月十日——印度最大、我認為最帥的藍臉神「克利須那」的生日。下午六點半，我跟南德一起趕往新德里最大的印度寺——克利須那神廟，朝覲克利須那神。活動據說六點開始，我們到寺廟前已經排了長長的隊伍。天氣非常悶熱，讓等待變得異常漫長，就在我們的耐心即將耗盡時，現場的員警告訴我們走女士通道，隊伍飛快的向前挪動起來。

進入寺廟時，每個人的額頭被點上了吉祥痣。隨著向前湧動的擁擠人流推動下，我們終於來到供奉克利須那神的主廳。首先映入眼簾的是，無數垂掛著長串藍鈴花的吊燈，然後順時針圍繞寺廟，每個方向都設有一個供奉著克利須那神，及其妻子拉達（又稱羅陀）的神龕。神龕裡的眾神，被鮮花和美麗的裝飾品裝點和簇擁著，五光十色、色彩斑爛、奪人眼目。一旁有印度女孩在跳舞、有樂隊在奏樂，人群裡的人們高高舉起手，或拍手或身體隨著節奏擺動。不過可惜的是，很快就轉到出口，後面又有一大批人湧入寺裡，我們出來後，經過寺廟免費供應飲料和食物的地方，也跟著印度人排著隊領了食物吃。

待天徹底黑下來時，夜色中的神寺披著由無數閃爍的彩燈織成的「外衣」，像一位身披螢光紗麗的女子，照映得其周圍的天空更加藍瑩瑩、猶如藍色坦桑石一般。

一次次一起外出的美好經歷，讓我跟南德逐漸熟絡起來，她告訴我她的家庭情況。南德說她的大兒子

南德的小兒子，在美國學電影。

已經在美國工作了，有一個來自巴西的女朋友，兩人相處得很好。而小兒子非常帥，在美國學習電影。二〇一二年八月十二日，我見到了她的小兒子，帥氣、富有、年輕，才二十歲，有點富家公子的慵懶、傲慢神情。

據南德稱，她的前夫非常富有，擁有好幾輛名車。南德自己也很獨立和富有，她經營心理診所，而且喜歡寫作。在她的描述中，她跟前夫在印度，過著有四個女僕的富裕生活，在新加坡也有兩個女僕。如今，離婚後的她在新德里和美國兩邊跑。

我們兩人一個是離婚的印度女性、一個是單身的中國女性，很快就成了朋友。**跟我遇到的印度人一樣**，南德**雖然富裕**，**但並不大方**。南德唯一一次送禮，是在我們好久沒見後，送我一條印度知名品牌的圍巾。我們吃飯時，也多為ＡＡ制平分，或是她請一頓，我請下一頓。

二〇一四年三月一日晚上，南德從美國回到新德里，我們已經有六、七個月沒見面了。她說她去幫小兒子拍電影，可是她還不知道電影的名字是什麼。

南德那個在印度北方邦首府勒克瑙（Lucknow）工作的四十五歲的男朋友，在她的描述中，是一個迄今未婚的愛情浪子。這個男朋友是她在北部達拉頓密蘇里，上學時的同學，他對她的前夫非常嫉妒。這一次她之所以回來，就是向男友「逼婚」。她說：「要不跟我結婚，給我應得的印度社會的尊重，不然就永遠從我的生活裡消失，我會離開印度回到美國。」我常在想，南德在新德里沒有朋友，跟以前上學時的老朋友也都沒有聯繫，或許因為她是一個離了婚的女人，不被印度社會接受。

擁有豐富人生閱歷的她，總會傳授給我她的人生經驗，例如：她總是會說，要隨時跟自己國家的人待在一起，自己的歸屬最終還是本國人，這也是為什麼她放棄美國曼哈頓的生活，回到印度「逼婚」。她說：「一個漂亮的女人，可以得到一個能給她所有的男人。」一個女人漂亮就可以擁有一切了嗎？這個邏輯在我看來，似乎並不成立。

二〇一四年三月十六日是週日，也是印度盛大的傳統節日灑紅節的前一天，很多人已經開始慶祝了。我一整天都在工作寫稿子，心情也不好，剛好南德打電話來，約我在住處附近的咖啡店喝咖啡。她見我滿面愁容——即將卸任的思鄉心切，使得日子過得度日如年，就對我講了自己剛來印度的遭遇。

我們認識時，其實是她人生中最糟糕的時期。那段日子她日日以淚洗面。她剛離婚，而這個已經四十五歲、從未結過婚的印度男友卻欺騙她，他有不為人知的典型愛情浪子的毛病——遠距離戀愛可以，但結婚不行。南德曾從事過心理諮詢，她有能力對付這樣的愛情浪子，這一點很讓人佩服。

我們兩個人，就這樣成為可以彼此傾訴的朋友，她相伴著我度過，異鄉人在此的漫長歲月。離開印度意味著要離開朋友，這是駐外生活的殘忍之處。

25・成熟的印度女學生

來自印度拉賈斯坦邦焦特布爾的女學生阿潤帕瑪（Anunpama），英文名叫安妮（她說她的印地語名字對外國人來說太複雜，叫她安妮就好），她是我在二〇一三年，**焦特布爾國際民歌節現場偶然認識的**，剛畢業的她還是梅蘭加爾博物館基金會（ＭＭＦ）的志工。

十月十八日中午，我們在梅蘭加爾古堡的電梯口偶遇，她主動提出充當嚮導帶領我參觀，古堡博物館和城堡角落裡的印度寺——在焦特布爾，人們膜拜女神Gangor，我在女神寺虔誠的許下心願，獲得眉間的紅痣和兩粒椰果糖。十八日晚上和她一起聽了主舞臺「Old Zenana Courtyard」（直譯：舊的閨房庭院）的音樂會。十九日下午兩點，我對她說：「我想請妳吃飯，感謝妳為我做導遊，我們**去全城最好的本地飯館吧**。」她說：「好的。」然後便騎上摩托車，帶我從舊城前往新城，風塵僕僕的疾馳了大約一小時，來到了她和家人的住處。

我一面為她意外的盛情而感激不已、一面感嘆：「是啊，在她看來，最好的餐館當然是媽媽做的飯啦。」安妮的母親為焦特布爾城現在的王后（Maharani）工作，管理一處印度教克利須那神廟。她和家人也住在寺廟旁的院子裡，實際上她在村子裡還有一個家，父親和祖父住在一起，父親會隔一段時間回來陪她們住一陣子，然後再回村子裡照顧她們的祖父。

安妮的住處，既有乾淨的廁所和有現代設施（冰箱）的廚房，也有擺放著簡易家具的臥室和客廳。她的母親為我們烹調了拉賈斯坦邦特色的食物——乾乾的、像壓縮餅乾的食物。安妮教我如何吃：將餅乾用手撕碎，澆上黃油、瑪莎拉湯汁、洋蔥和檸檬，然後混合後食用，她母親還用傳統做法做了另一份小吃：將餅乾碾碎成粉末後和白糖一起炒，特地讓我品嘗。

吃完飯，她鄰居家的小男孩跑過來，畫了海納花做成的「紋身」曼海蒂（印地語名為 Mehndi 或 Mehendi）給我，安妮說，如果花紋隨著時間變得越深，說明妳的丈夫越愛妳。之後，她帶我去購買當地傳統服裝——粉色長裙式的 Poshakh（拉賈斯坦邦特色服裝，較紗麗更為保守）和寶藍色上衣與披肩、白色半身裙的 Anarkali Salwar Suit，因為要根據我的尺寸製作，所以好心的安妮跑了兩趟，為我取回製作好的衣服，送到我的手上。作為答謝，我請她吃了大餐，並送給她一對在雲南購買的紅色耳環。

安妮用她的熱情和友善，結交了不少外國朋友，我是其中之一。

印度女學生阿潤帕瑪，英文名叫安妮。

安妮在焦特布爾畢業後，成功申請到去新德里念管理學碩士研究生的機會。二〇一四年四月二十四日，她與母親來到新德里為自己挑選入學後住的宿舍。我們約在當天中午，在市中心的康諾特廣場見面，不幸的是，她在德里的叔叔拉著她們講話，加上三輪車司機把他們帶錯到另外一個地方，**她們遲到近兩個小時**。若是在中國，估計我一定是要發飆了，可是在印度，**多次被放鴿子與等遲到友人的我，耐心的等到了她們**，還能微笑著對她們說，沒關係，最終還是見了面。

我們見面時，正是印度進行人民院選舉投票正火熱之時，選舉自然成了話題。安妮說，她今年二十歲，是第一次參加五年一次的印度人民院選舉投票，她非常激動，但是印度政府的辦事效率讓她頭疼。她在焦特布爾投票日開始前的兩個月，去登記辦理選民證，結果到投票日當天即四月十七日，她的選民證還沒辦好。她說，如果她有資格投票，她會投給國大黨在當地的一位女性代表，因為這名女性競選人熟知焦特布爾，而且跟她家有往來，比較熟悉。她的父親同樣也投票給了國大黨。而她的母親則投票給反對黨——印度人民黨的總理候選人莫迪，「因為莫迪演講的架勢令我印象深刻，莫迪說會保護女性、重視教育。」她母親用印地語說。像這樣一個家庭的各個成員，投票給不同政黨的現象，在印度選舉期間非常普遍，我在南德里的泰戈爾國際學校設的投票站，也遇到了一家三口投給三個不同政黨的情況，這也展現了印度的政治自由和多元性。

安妮告訴我，在北印，特別是焦特布爾，已婚的女性不能光著手腕，必須戴手鐲，頭頂髮際線處還要染一條紅色的顏料，這跟中國古代女性婚後要盤起頭髮、現代已婚女性要佩戴婚戒一樣，而額頭的幸運紅痣，則是無論已婚還是未婚女性都可以點。但對於已婚印度男人來說，沒有任何標誌來表明他們的婚姻狀況。

我給她看印度裔作家阿米塔・高希（Amita Ghosh）寫的一段，關於中印關係的文字訪談，她閱讀後說她很同意，中印有很多共同之處，但沒有提到我贊同的「中印競爭與威脅關係，其實是西方的產物」。我問她對英國殖民者的看法，她說，她的祖父教導她看事情要全面，英國人殖民印度時期確實從印度賺了很多錢，但同時也幫助印度修鐵路、學校等基礎建設，如今的印度甚至還沿用著英國的政治、司法等體系。正如印度很著名的一部，講述印巴分治的經典電視劇《黑色》（*Tamas*）一樣，劇中敘述了一個在旁遮普邦、不同宗教暴力衝突不斷的背景下，維持當地治安，卻毫不關心殖民地的長官形象，同時，也塑造了另一個殖民者形象——他的英國妻子是一個善良，而同情印度人的角色，好像是為了平衡殖民者的形象一樣，或許這也是客觀的真實情況。相比之下，我們從小所受的愛國主義教育，總是把半殖民者塑造為無惡不作的侵略者。

如今，安妮剛結束在印度知名通訊公司的實習，之後她將前往奧地利交流一個學期。祝福她有一個好的前程。

26・雇主與女傭之間的微妙關係

獲得二〇一三年，法國坎城國際影展「金攝影機獎」的新加坡電影《爸媽不在家》，講述的是一對妻子懷孕、丈夫失業的新加坡夫婦，為調皮的兒子請了一個菲律賓女傭的故事。電影很寫實，透過日常生活瑣事，塑造一個在金融危機下，生活日漸艱辛的中產階級家庭。我特別欣賞導演陳哲藝關注女傭的視角。片中的女傭經歷的生活磨難，並不比這對夫妻經歷的少，可她仍舊勤奮工作，盡職盡責。她對雇主的兒子說：「我是你們聘請的女傭，但不是來被你欺負的。」

這部影片之所以獲獎，跟選擇女傭這個微妙的切入點關係緊密。其實，在印度也有很多女傭。印度女傭可能是世界上，最便宜的勞動力（一名女傭每個月的平均薪資約新臺幣七百元）。由於印度勞動力成本低，幾乎每個中產家庭都雇用了女傭，稍微富有的家庭，都有四到五個或更多的女傭。有一次我去一個印度朋友家做客，發現他有一輛壞了的摩托車，在露天停車場停了好長時間卻一塵不染，我好奇的建議他道：「既然不開了，為何不用布遮蓋著，免得生灰塵？」他說：「有女傭每天來擦拭。」我轉念一想，是啊，在印度人力成本比一塊布還便宜，用布蓋著，就會讓女傭又少賺了錢。

印度中產家庭中千千萬萬的女傭，及女主人的關係也非常微妙複雜。**女傭辛勤的打掃沙發等，卻從來不曾在這舒適的沙發上坐過**，主僕之間也保持著尊卑有別的距離。此外，在「男尊女卑」的印度，婦女主要負責家務勞動，即使是中產階級的職業婦女，下班後也要做家務，而男性一般都遠離廚房和家務。

印度的女傭很值得關注，然而，在主流的寶萊塢影視劇，以女傭為主角的故事多為紀錄片或是文藝片。印度很多女傭來自貧窮的東北部七個邦，總體上，印度女傭總是低眉順眼，對雇主唯命是從。

雇主和女傭的不平等權力關係，其實很微妙，如果沒有把握好尺度，只能落得不歡而散，或是女傭喧賓奪主，雇主老是被騙、受氣。**一個合格的女雇主，需要具備處理與女傭之間關係的能力**。這項本領似乎承襲自英國殖民者，就像英劇《唐頓莊園》裡所呈現的，樓上樓下、雇主和傭人是兩個世界，尊卑有別，不能越界。不過，雇主與傭人如果太過於尊卑有別，也不容易產生融洽的感情，女傭的工作自然做不好。

在印度中產階級社區，如果不請個女傭，房東都會覺得你很奇怪。朋友的房東就為她，請來一個來自尼泊爾的女傭麗莎。麗莎是個年輕漂亮的姑娘，她跟丈夫、公婆和丈夫的五個兄弟姐妹，住在頂樓的三間房裡。一開始，朋友為了跟他們處好關係，經常送些食物或小禮物給麗莎。可是麗莎做事並不認真，打掃房子時就只蜻蜓點水般的拖地、擦拭。最可惡的是，麗莎一家總是在幫朋友辦事時，私自拿小費。最終，吵鬧而懶散的麗莎一家，被朋友解雇了。

後來，房東幫朋友找來印度東北部的女傭珍妮，珍妮工作認真又努力，於是朋友給她相對來說算高額的薪資，讓她負責三層樓的清潔工作，於是她和她的丈夫和女兒，就住到了頂樓。因為想盡量維持簡單的主僕關係，我的朋友對珍妮比較公事公辦，除了打掃清潔外，平常很少「麻煩」她，工作之外很少去打擾珍妮的私人生活。

因為珍妮工作的關係，她全家都能住在頂樓的三間房，這裡有廚房、客廳、廁所和臥室。勤快的珍妮把頂樓的小空間打理成溫馨的家。這裡有繁茂的盆栽花草，她還利用廢棄的浴缸，種了一襲綠油油的青菜，甚至還養了兩隻雪白可愛的狗。

漸漸的，她的親戚常來這裡串門和居住，後來是親戚的孩子長期住在這裡，方便在社區上學，在印度節假日時她們還會舉辦聚會請來一堆朋友，吵鬧的印度音樂加上來往的人流……這樓上的「人聲鼎沸」，讓居住在樓下的我的朋友苦不堪言。珍妮夫妻兩人還常在半夜吵架，吵得我的朋友睡不著覺。

此外，本來一週也才打掃一、兩次，珍妮還每次都說自己家裡有事，其他時間才能打掃，朋友只能根據珍妮的時間表來整理房間。朋友跟我訴苦：「本來我覺得請女傭這種事像是在封建時代，所以對女傭很好，很少麻煩她，結果她搞得好像這裡是她自己的家，我倒覺得自己在這裡是個外人，她是個雇主一樣。」

在印度，如果找不到稱心的女傭，就總是會有一堆煩惱，而一旦找到好的傭人，生活也會如魚得水。我的另一個中國朋友就比較幸運，他家的女傭勤快聰明，每天定時來打掃，而且打掃得很乾淨，還會幫他做中國菜、清洗魚缸等。朋友感嘆：「在國內，這麼低的薪資，哪能找到如此稱心如意的家政幫手啊！」

27・印度版拆遷抗議

自從我所在社區居住的外國人增多，房租價格被炒起來後，印度房東開始猛蓋高層公寓，高價租給外國人。這或許是現代印度發展的一個縮影吧，他們開始以賺錢為目的大興土木，而我們是經歷者也是臨時受害者。

印度也上演著各種抗議，民眾跟房地產開發商之間的矛盾，恰好反映印度正在經歷的現代發展與傳統觀念的鬥爭，場面十分激烈。

位於新德里西部的卡斯普特里社區（Kathputli Colony，putli 意為玩偶）是一個木偶藝人聚集的社區。妙趣橫生的印度木偶、鮮亮的手鐲、傳統的印度繪畫，許多的工藝和藝術品，讓貧民窟的狹窄小巷充滿藝術的氣息。該社區是在一九六五年，正式建起來的，當時是為了讓來自古吉拉特和拉賈斯坦的木偶藝人，能夠有一個謀生的地方。後來，雜技藝人、魔術師、馴蛇師等街頭藝人也在此落腳。一九七八年，一個名叫「被人遺忘的藝術家」的藝人社團在此成立，同年，一個名叫「薩斯」的非政府組織，為這個藝人社團的活動中心奠基，聯合國教科文組織為這個中心提供了幫助。

這個地方聚集**三千五百戶民間藝人，他們在此居住已經有五十年之久**。據當地老一輩人的說法，剛在這裡住下的時候，這裡還是一片森林，藝人用各種辦法開發了這個地方，把這裡變成了他們的家園。

但是，卡斯普特里社區的藝人，恐怕不能再在這裡住多久了，他們居住的這塊地方，屬於新德里發展局的公用土地，目前已經賣給了一個名叫拉赫賈的開發商，他於二〇〇九年，成立一個公私合營房地產開發企業。按照計畫，社區這塊土地的一部分，將用作建設商業中心和豪華公寓，另外一部分土地，則用來為卡斯普特里社區的居民建公寓。每處公寓占地面積，約為二十一平方公尺，另外會建一堵牆把這個狹窄的多層公寓，和豪華公寓及商業中心分開。公寓建築會在兩到三年內完工，在此期間，這裡的居民將會被搬遷到，新德里西部的安納德帕巴特區。

然而，這裡的藝人並不想離開這個地方。對他們來說，這個地方就是文化的一部分。巴胡勒．比薩瑞藝人社團負責人迪里普．巴哈特說：「在多層建築區內，我們的藝術沒辦法生存下去，我們有大型的木偶、表演用的舞臺道具、大型竹器等，這些東西都沒辦法在狹窄的公寓裡施展。」視藝術為生命的藝人認為，政府讓他們離開這個地方，並在此建造多層公寓，是在剝奪他們的生命。

卡斯普特里社區，是許多世界著名藝術家的家園，這些人很多都曾獲得過，頗有名望的各種獎項，其中包括印度政府頒發的崇高公民榮譽——蓮花獎。這裡的許多居民在世界各國演出過。對他們來說，對這個地方的共同感覺，就是這裡培養了他們的藝術，而在公寓裡，要想維持藝術的表現形式，是沒有任何可能性的。

在社會工作者薩瑞塔．庫馬爾看來：「這些藝人應該被允許，按照他們的意願留在這裡。五十年前當這些人來到這裡時，這裡還是不毛之地，是他們養育了這塊土地，把水、電等所有東西，都弄得井井有條。而現在，五十年過去了，政府突然要他們離開，這樣的做法對嗎？當然不公平。」

然而根據拉赫賈開發公司的說法，印度政府已經通知這個社區的居民，要搬出這裡的房子。然而居民卻說沒有這樣的官方通知，而他們正被強迫，在一份同意搬離現在的住所的聲明上按下手指印。

新德里發展局土地調查員歐姆維爾．辛格介紹說，新德里發展局二〇〇九年，就批准了這個計畫。新德里發展局和拉赫賈開發公司，簽署了一個協議：這些居民都將搬遷，在兩年時間裡，這些公寓會建好。

拉赫賈開發公司說，目前已經有四十個藝人家庭，已經準備好搬到過渡區。過渡區建在一個開闊地上，將安有淨化水設施和良好的通風設施、寬闊的道路、大片綠色植被，也會有地方讓他們施展技藝。然而這些藝人的感受，卻是多層公寓建築會扼殺他們的藝術，為此他們準備了自己的社區改造計畫——包括在卡斯普特里社區，要為他們每人分配二十五平方公尺的小塊土地，允許他們在這個社區裡自由發展。這些藝人的領導人說，這個計畫將在不久後，提交給相關政府官員。

現在，卡斯普特里社區的藝人，在「薩斯」非政府組織的說明下，展開抗議出售土地給開發商拉赫賈的活動。二〇一四年三月九日，這裡組織了一場，展現社區居民豐富智慧的文化活動，同時，還舉辦了一個展覽，展示卡斯普特里社區豐富的文化歷史④。

④二〇一七年十一月，玩偶村原址已遭強行拆除。

第2部分

走遍印度，看「人」

1・信步湖之城

恰逢我喜歡的煙雨濛濛的天氣，我來到印度西部拉賈斯坦邦著名的「白色之城」、「湖之城」——烏代布爾，開始了一個人與一座城的美妙邂逅。

山水間的白色之城

烏代布爾是印度舊時蒙兀兒王國的都城。這裡頗具拉賈斯坦邦建築特色的房屋，被統一刷成了白色，因而被稱為「白色之城」，當地的賈噶特・尼瓦斯宮殿酒店餐館經理古德・胡賽因告訴我，烏代布爾人除了從事旅遊行業外，最多的就是**從事白色大理石開採**和雕刻工藝。

這裡依山傍水，城市坐落在阿拉瓦礫山脈腳下，平均海拔五百九十八公尺。除了城市獨特，烏代布爾更以美麗的湖光山色，吸引了全世界各地的遊客。

十六世紀，當時的蒙兀兒土邦國王烏代・辛格，為了躲避強大的蒙兀兒王朝的追擊，決定遷都到易守難攻的山谷中。國王在這裡還**興建了皮丘拉湖和法塔赫湖等人造湖**

泊，解決了這一地區的水源問題。國王的英明決定為後人留下了寶貴財富。因為這裡地處沙漠地區，雨水非常少，幾個湖泊與周圍的乾燥形成鮮明對比，更增添了烏代布爾的魅力。也正因為這樣，烏代布爾才有了一個非常合適的別稱——「湖之城」。

後來的烏代．辛格二世，在建立烏代布爾這個城市後，擴建市中心的皮丘拉湖，且建造石水壩，工程浩大，湖面有五公里長，三公里寬。湖畔風景秀麗，四周有小山及堤防圍攏，並且有沐浴場、寺廟和宮殿。

皮丘拉湖最壯麗之處，是湖上興建的兩座典雅宮殿，與湖畔的城市宮殿（也就是烏代布爾博物館）遙相媲美。兩座宮殿分別建造在兩個小型島嶼上，一個位於傑格．尼瓦斯島，另一個則在傑格．曼狄爾島的南部末端。傑格．尼瓦斯宮殿建於一七五四年，如今已變成宮廷氣息濃厚的豪華旅館，以美麗的白色大理石和花崗岩建造，長約兩百四十公尺，面積約一點六公頃，呈現蒙兀兒建築風格，內裡可見彩色玻璃窗，陳列著古畫、古家具，還有噴泉和浴場。後人又在湖中心，建造泰姬酒店集團的湖上宮殿（Taj Lake Palace），和湖畔的歐貝羅伊酒店（Oberoi Hotel），兩者都是亞洲頂級度假酒店。

看守城市宮殿（博物館）的人。

「白色之城」烏代布爾。

旅館也是白色的，具有拉賈斯坦邦風格。

土邦有國王，成了商人

在烏代布爾，你只須讓時光慢慢的流走，讓想像力快快的轉動，因為當你住在皮丘拉湖中央的泰姬湖上宮殿，乘船往返時，會享受到那份特別的靜謐和尊榮。你可以去《孤獨星球》（*Lonely Planet*），推薦的五大浪漫就餐地之一的Ambrai，吃湖邊的燭光晚餐。或者，你還可以去臨湖的拉爾・噶特（Lal Ghat）路上的屋頂餐館小酌，夜幕降臨時，這裡不定期放映老龐德系列電影**《八爪女／鐵金剛勇破爆炸黨》——該片是在烏代布爾取景的**。

坐在河邊，吹著涼風，乘著想像的翅膀，你自己都可以變身為一場動作戲的編劇：男主角從臨湖的這個屋頂嗖嗖飛到那個屋頂，再闖進城市宮殿，打碎那些精美的水晶玻璃飾品後，來到湖中央的泰姬湖上宮殿，遇到一位絕色美女，再搶奪湖中央國王的紅色龍船，跑到湖那一邊山頂上「一覽眾山小」的季風宮殿……。

這是一個你可以隨時跟歷史對話的城市。因為除了這裡的建築、街道和湖景，都保存著歷史的模樣，歷史上**統治烏代布爾的蒙兀兒家族，至今仍然存在**。土邦國王辛格五世留著白色的大鬍子，非常有個性，他常去歐洲海邊旅行，穿著T恤和牛仔褲，看上去像一個普通人，但是他在烏代布爾坐擁城市宮殿、兩座小島以及諸多宮殿等。他在城市宮殿的南廳展出一整套，祖輩從英國訂製的十九世紀水晶玻璃家具、餐具和飾品。他開放自己的宮殿，作為城市博物館和高級酒店，甚至將自己家族收集的古董車辦成車展，收取參觀門票。以至於酒店餐館經理古德·胡賽因說：「國王如今不是政治統治者，卻是一個徹底的商人。」

文藝與信仰之城

這是一個五彩繽紛、**文藝氣息濃郁的城市**。走在大街小巷，那些五彩斑斕、神態各異的**人物和動物的細密畫（miniature）**，赫然出現在牆上，讓人忍不住跑過去跟它們合照。大街道的角落裡，常有工人在打磨大理石，他們將已經雕出來的大理石工藝品擺出來賣，大有「生產銷售一體化」的感覺，也像是將藝術品誕生全程呈現出來的「行為藝術」。

這裡有不少書店，你可以買到手工繪製的細密畫明信片和風俗人情明信片，還有教導你畫細密畫的圖冊，當然，如果你在這裡待的時間夠長，還可以在畫廊和工作室裡，參加畫畫培訓班，親自學習畫細密畫，並將自己的作品帶回家。這裡跟泰國清邁小城一樣，人們熱情的鼓勵你去學習製作當地菜餚。烏代布爾老城裡，還有不少店賣手工皮革的筆記本，皮革上泛著的黝黑是時光留下的痕跡。

此外，烏代布爾還擁有不少印度教寺，其中最大的神寺，是位於城市宮殿北側廣場的對面、建於一六五一年的賈格迪什神廟，在湖光山色之間與神祇相對，亦是美事。

在這附近，有一個非常著名的耆那教寺廟——千柱廟，它位於烏代布林和焦特布爾之間一個山區裡，距離烏代布爾一百公里，坐公車大約要三小時。在感嘆舊時工匠的精湛建築技藝之餘，我們也不妨了解耆那教。

耆那教是印度最古老的宗教之一，宣揚禁欲主義，不殺生、吃素、不吃植物的根。此教在印度早於佛教產生，聽說佛祖釋迦牟尼，還曾向耆那教的創始人尊者大雄討教。**佛教基本上已經在印度消失了，而耆那教因承認種姓制度而得以保留**，只是信仰的人非常少，但**教徒大部分是富人**，他們嚴格自律。

對我來說，烏代布爾的浪漫是一扇普通人家的木門、一把旅館房間的銅鎖、一份宮殿裡的英式下午茶、還有一座漂在湖中間的白色宮殿，一樣夢幻的白色。

烏代布爾人悠閒的打牌度過午後。

當地年輕人酷愛排球運動。

本地人在湖邊洗澡。

2・文豪泰戈爾的教育理念

我在剛來到印度時，就從研究中國的印度學者口中得知，印度文豪、諾貝爾文學獎得主羅賓德拉納特・泰戈爾，在西孟加拉邦的鄉下，建立一所展現其教育理想的「國際大學」。

泰戈爾的鄉間教育烏托邦

因一次去加爾各答採訪的機會，我順便拜訪這所國際大學。它位於距加爾各答市西北方，約三百多公里的小鎮聖地尼克坦，這處富有恬靜的田園風光之地，恰巧名叫「平和安靜的地方」，中文通常譯為「和平鄉」。

「和平鄉」類似中國普通縣城規模的小鎮，車開過熱鬧喧嘩的市集後，緩緩駛入一片綠樹掩映、格外平和的地帶，循著一塊不起眼的指示牌，我進入了大學校園。

一九一三年，泰戈爾獲得諾貝爾文學獎，成為首位獲此殊榮的亞洲人，他利用獎金創建這所國際大學。在這裡，他宣導包容的教育理念，認為教育不應該在四面牆壁環繞下進行，泰戈爾說：「我不記得自己被教的東西，只記得我學到的東西。」他的教育理念強調每個人都是天才，**所有的學生不能同時接受教育，要因材施教**。他發明了一套新的教育體系，該校的理想狀態是——**允許學生一直上課，直到學生和老師都滿意**為止。據說，如果一名學生要求，上某一門學校沒有開設的課程，學校也不會顧慮開班學生的多寡，為他設計課程、聘請老師來上課。有那麼一刻，我在校園裡看到那些在大樹下交談、在草坪上看書的學生，想到泰戈爾創辦這所猶如「教育烏托邦」一般大學的初衷，竟被他那單純美好的初心和願望打動。

國際大學不僅設有中國學院，還包括日本學院、哲學學院、舞蹈戲劇和音樂學院、農村建設學院和農業科學學院等，共十五個學院和中心。校園內有一處泰戈爾當年寫作和生活的地方，如今被開闢為泰戈爾博物館，來此參觀的遊客絡繹不絕。更特別的是，在國際大學校園裡，每年都會舉行印度春節灑紅節和冬季市集兩大盛事，吸引了不少師生和周邊村民參與，氣氛非常熱鬧，也展現大學與村民的和諧共處。

中國學院成立於國民黨統治年代

來到國際大學，最主要的目的是走訪中國學院。它離國際大學大門並不遠，是一座雅致的米黃色建築，「中國學院」四個遒勁有力的繁體黑色漢字，鑲嵌在主樓正面牆上。主樓連著其他幾棟樓，樓群前面是一片開闊的草地，被低矮的院牆環抱著，整個布局十分有中國特色，格調淡雅莊重。中國學院的學生正在為了「第五屆印度全國中國研究年會」裝點著學院大門，他們用彩色粉筆，在入口地面上畫著花紋和圖案，還有女學生在排練印度傳統舞蹈，男學生不想掃地，正偷懶打鬧著。

中國學院成立於一九三七年四月十四日，當時是國際大學教學樓中最大的建築。中國學院的成立，可以說是翻開了中印文化交流史上新的一頁，掀起中印兩國互相研究彼此文化的熱潮。

泰戈爾一直對中國文化有著濃厚的興趣，重新構架起中印文化交流的橋梁，是他多年的夢想。應泰翁之邀，到國際大學任教的華僑學者譚雲山主動請纓，擔任院長並負責相關事務，往來於中印之間，

大樹參天、平和安靜的聖地尼克坦。

泰戈爾故居。

經過幾多奔走，最終建立了中印文化交流的有形實體——中國學院。

他為中國學院擬定的宗旨是：研究中印學術、成為中印文化的橋梁、融洽中印感情、聯合中印民族，創造人類和平，促進世界大同。在譚雲山的主導下，中國學院成了中印文化交流的園地。如今，譚雲山的兒子譚中繼承父親衣缽，在印度教書長達半個世紀，即使退休後，也不時回訪中國學院。

常來中國學院的一位華僑告訴我，這裡已經成為中印學者相互交流的橋梁。很多中國藝術家和學者，曾先後來此訪問或短期工作，例如：徐志摩、徐悲鴻、陶行知、張大千、常任俠、金克木、吳曉鈴、丁西林、鄭振鐸、周而復等。其中畫家徐悲鴻曾在此工作過一年，與泰戈爾結下了深厚的友誼，並為泰翁畫了大量的肖像畫。

中國學院的門口。

中國學院的印度學生。

3．本地治里：「少年Pi」的故鄉很法國

位在印度南部泰米爾納德邦的首府欽奈附近、印度洋岸的海濱小鎮本地治里（Pondicherry），是**印度獨有的法國殖民風情地**。它不僅有著聽上去像「旁迪櫻桃」般可愛的名字，而且獨特的風景和人文，吸引著李安導演來此為《少年Pi的奇幻漂流》取景。

特殊的政治地位——印度中央直轄區

本地治里在印度的政治地理位置非常特殊：是一個印度中央直轄區，由四個分散在印度沿海、相互不連接的前法屬印度地區組成，分別為孟加拉灣沿岸的本地治里、卡來卡（Karaikal）、雅南（Yanam）和位於阿拉伯海沿岸的馬埃（Mahé），以其中面積最大的本地治里（兩百九十三平方公里）命名。周圍地區於二〇〇一年合併，人口共約九十七萬。

資料顯示，儘管本地治里很早就有泰米爾人居住，但其近代史卻與歐洲在南亞次大陸的殖民活動密不可分。法國東印度公司於一六七三年，在本地治里建立商貿據點，成為法國於南亞次大陸的主要根據地。其後荷蘭和英國皆曾為爭奪該地，而與法國發生戰爭。

十九世紀五〇年代，英國取得了幾乎整個南亞次大陸的控制權，但仍允許法國繼續保留，對本地治里、馬埃、雅南、卡來卡等地的統治權，成為法屬印度的一部分。一九四七年印度獨立，法國與印度於一九四八年達成協議，由法屬印度的人民公決其前途。在各法屬印度屬地中，金德訥格爾在一九五二年，直接回歸印度並併入相鄰的邦，而本地治里、卡來卡、雅南及馬埃四個地區，則以「本地治里」的名義，於一九五四年十一月一日加入印度，成為一個中央直轄區，但法國國會到一九六三年，方才確認與印度簽署的相關條約。

法式味道濃郁

雖然我在本地治里的那兩天，天公不作美，一直陰雨綿綿，但仍舊感受到它別樣的美麗。如果在晴天，這裡該有多麼讓人流連忘返啊。本地治里濃郁的法式風情，彌漫在空氣中，滲透在這裡的文化政治生活中。

來到這，**首先讓人心頭湧上愛意的是**，那些五彩斑斕的房屋，多為法式建築，而且在這裡，可以輕鬆吃到正宗的法餐與越南美食。我住的那家旅館就是一位法國人所開，室內設計也展現典型的法國樣式，它以白色為主調，家具大都是簡潔大方的原木材料，露天中央庭院裡芭蕉簇簇，四方庭院的兩邊分別是別致的餐廳和酒吧。

面朝著印度洋的本地治里，擁有海邊城市的浪漫與悠閒。這裡的街道相對整潔，常有絢爛的三角梅與蔥蘢的椰樹裝點，別有一番景致。過了該地的「小塞納河」（一條城中河），便是印度人居住的區域，印度特色的嘈雜、混亂和骯髒又熟悉的出現在眼前。

本地治里很像一個縮小版的法國，或者說是「小巴黎」。**今天，法語依然是該地常用語言之一**。由於本地治里回歸印度時，法國政府允許當地人民，選擇保留法國國籍或歸化印度國籍，因此當地不少泰米爾裔人及後代，至今依然保留法國國籍。法國在本地治里設有領事館，當地仍有法國文化協會，及法國遠東學院等機構。在這裡，每年到了法國國慶日（七月十四日），就會有身穿法國軍服的騎兵表演和巡遊活動，沿街高唱《馬賽曲》，不少屋頂皆會於當日，在印度國旗旁升起法國國旗。這也成

本地治里法式街景。

為吸引遊客前來觀光的一個特色。

對於世界媒體來說，廣泛關注本地治里，是因為二〇〇**四年的南亞大海嘯**。這場印度洋大地震導致的海嘯，使本地治里中央直轄區下的本地治里地區，及卡拉卡地區受到直接影響，傷亡慘重。根據本地治里政府網站的資料顯示，直至二〇〇五年三月九日，本地治里地區有一百零七人死亡、兩百九十九人受傷；卡拉卡地區有四百九十二人死亡、兩百八十人受傷、三十一人失蹤。

到少年 Pi 的故鄉去

對我來說，關注此地的另一個原因，是那部熱門電影——導演李安的《少

兩名印度女孩騎著摩托車，經過本地治里的天主教堂。

一群印度婦女在法式公園裡散步。

年Pi的奇幻漂流》。該片在本地治里的動物園、植物園、寺廟等諸多地點取景拍攝。電影根據印度裔作家楊・馬泰爾（Yann Martel）的同名小說改編，講述一名來自本地治里的男孩，在一次海難中幸免於難，跟一隻孟加拉虎在一艘小船上漂泊的故事，其中涉及人性、神性和獸性等深奧的議題。這個故事被李安用三D技術，完成了不可能展現的海上場景，它的主題同樣深刻而令人深思，讓人不斷發掘故事本身的隱喻，從而驚嘆藝術作品的博大精深。

我在一家精巧別致的書店裡，購買了馬泰爾的這本印度版本的英文小說，封面是一幅小男孩和一隻老虎，漂在海上的插圖。小說讀起來，比電影生澀得多。

這裡有個烏托邦村

在本地治里市北方十公里，有一個名氣頗大的奧羅維爾（Oroville）村，它是一個藝術家聚居的嬉皮群居村，也是一個頗具實驗性的藝術烏托邦村。它由印度民族主義自由鬥士、哲學家阿拉賓多・高希（Aurobindo Ghosh）的母親，於一九六八年創辦。創辦人說，這是一個夢：在**地球上應該有一個地方，沒有國籍區別，所有懷著真誠抱負的善良人，都能作為世界公民自由生活**，遵從唯一的權威——最高真理，這是一個和平、和睦、和諧的地方。目前，在中央區域 Matri Mandir 周圍的居住地，有來自四十八個國家的兩千兩百位藝術家居住，其中也有來自於中國的藝術家。

我慕名而去，隨著印度最常見的電動三輪車轟隆的行進，南印五彩斑斕的農家小屋、手工藝品作坊和店鋪、雨後鄉間道路兩旁的綠色植物，不斷往身後飛去，迎面而來的是騎著摩托車的西方人。就這樣飛奔著，來到了奧羅維爾村的遊客中心。

在遊客中心舉行的展覽，或許能讓你一窺這個村子的特色，奧羅維爾的不少藝術，生動的描繪社區如何努力改善當地環境，**藝術家如何跟當地村民一起合作，引進技術和能源資源等，改善當地居民的生活水準**，藝術家如何與當地人和諧相處。遊客中心有幾家手工藝品店和一家餐館，這裡販售的手工藝品，都是村裡的藝術家親手設計製作，藝術村的中心位置，有一個非常著名的金色球形外觀的寺廟，常聚攏大批人們舉行活動。

奧羅維爾村吸引著那些，希望擺脫傳統宗教的標誌、想獲得靈感的人，也代表著人類精神的統一。這裡可非遊客走馬光花的旅遊景點，如果你想了解這裡是如何運作的，必須得在這裡住上些日子。而只有一天時間的我們，註定無法領略它全部的魅力。或許留下遺憾也是一件最美的事情，**它讓我的心永遠為之嚮往**，希望有一天我能重返這裡。

4·接觸敏感地帶——東北七邦

印度東北部的七個邦，並稱「東北七姐妹」，因敏感的政治與軍事地位（當地部落居民跟穆斯林的暴力衝突，以及位於中印邊境的地理位置），一些邦對外國人是不開放的。對中國人開放的邦，只有阿薩姆邦和梅加拉亞邦。

二〇一三年四月十六日至二十日，我和朋友前往阿薩姆邦的古瓦哈提（Guwahati）、第斯普爾（Dispur），以及梅加拉亞邦西隆（Silong）。這三個地方給我的整體印象是經濟普遍落後，沒有作為經濟支撐的大型工業，人民普遍樸實。我比較喜歡的是，由於作為人口主體的東北部人，是蒙古利亞人種，跟中國人臉孔比較像，所以在那裡行走，也少了在印度其他邦，被人盯著看的不適感。

物產豐饒的落後地帶

阿薩姆邦的首府是第斯普爾，但古瓦哈提是該邦最大城市，也是東北七邦的交通樞紐。古瓦哈提位於布拉馬普特拉河與西隆山脈之間，總人口約有八十萬。古瓦哈提擁有一條筆直而長的商業街，李維斯（Levi's）、彪馬（PUMA）等品牌商店也躋身其中。雖然相較於山城西隆來說，這裡已算是發達的城市了，可是仍舊非常髒亂。

我們到古瓦哈提的第一天，馬上去尋找阿薩姆慶祝新年的活動——碧湖節（Bihu），也叫豐收節。農業在阿薩姆邦的經濟中，占據至關重要的地位。當地約有五三%的人口，從事農業生產。水稻是當地最主要的糧食作物，當地的水稻種植面積，占全邦耕地總面積的七〇%，同時占糧食作物種植總面積的九〇%（阿薩姆也被認為是**野生水稻最早出現的地方**）。當地也種植黃麻、茶葉、棉花、甘

阿薩姆人們歡慶豐收節——碧湖節。

蔗、馬鈴薯、油料作物等經濟作物。可想而知，阿薩姆人當然視豐收節，為一年中最重要的節日，而且只有東北部人慶祝這個節日。

當地人告訴我，阿薩姆有三個碧湖節，一個是慶祝秋收的 Rangely Bihu，一個是慶祝財神拉克希米（Lakshmi）的 Kali Bihu，另一個是慶祝春耕的 Bhogali Bihu。我去了該邦城市古瓦哈蒂的昌德馬利（Chandmari），和如可迷你崗（Rukminigaon）等地，從四月十四日至十七日連續四天，從晚上九點至次日凌晨三點，該市諸多地方搭臺，持續上演精彩的阿薩姆民族音樂和歌舞。

當我尋找雅魯藏布江流入印度境內的那部分——布拉馬普特拉河時，意外遇上一群群印度人，在進行哈特普迦（Chhat Puja）儀式慶祝太陽神節，印度教徒在布拉馬普特拉河邊，向太陽神進獻供品並唱歌祈禱。

太陽神節是一個古老的印度教節日，是感謝太陽神蘇利耶維持地球上生命的一種儀式。印度教徒崇拜太陽神，相信祂能治癒痲瘋病等各種疾病，能讓人長壽、幫助家庭裡的長輩和子孫，以及朋友健康昌盛。太陽神節在印度的八月（即世界西曆的四月）的第六日舉行，持續四天。儀式包括在水中沐浴，與祈禱、禁食、不喝水，並在日出和日落時，在河邊向太陽敬獻供品。

人種博物館加上宗教不同

阿薩姆所在的東北部，地處東亞、東南亞、南亞之間，自古以來就是漢藏語系諸民族南下與西亞、中亞、南亞諸民族東進的交匯點。**東北部七個邦的部落人，絕大多數都屬蒙古利亞人種**，有講藏緬語系的加洛人、那加人、米佐人、庫基人、盧夏伊人、梅泰人等。後期，這裡也有大批孟加拉、尼泊爾移民和印度比哈爾邦邦人湧入，可謂是「人種博物館」。阿薩姆人既有天主教徒，也有印度教徒、穆斯林等。

或許由於人種和宗教等混雜，差異性太大，也引發不同種族之間的矛盾。東北部的本地部落居民，跟外來印度移民的矛盾也比較深，二〇一二年還爆發阿薩姆波多族群，和穆斯林群體的暴力衝突。這裡是經濟不發達的貧困地區，也是與印度內地聯繫薄弱的邊疆偏遠地區。但老天總是公平的，它也賜予阿薩姆邦美麗的自然風光和自然資源。這裡的特色景觀包括茶園、布拉馬普特拉河，與眾多歷史古蹟和寺廟。印度近代哲學家維韋卡南達，曾經說：「**僅次於喀什米爾，阿薩姆是印度最美麗的地方**。」

書上說，阿薩姆位於東喜馬拉雅山山腳，阿薩姆的群山呈青藍色，有紅色的布拉馬普特拉河，自西藏奔流而來，咆哮而過。可是，當我們從古瓦哈提前往第斯普爾的路上，見到的卻是渾濁的灰黑色河流，沿路也有汙染嚴重的水泥廠和採石場。灰濛濛的街市，河流裡漂浮著塑膠袋等垃圾。

雅魯藏布江的下游髒了

阿薩姆邦處於雅魯藏布江的中部流域（上游在西藏，下游在孟加拉）。在冬天旱季，河水下降，無數沙洲島嶼展現出來。每年新的出現，舊的消失。在雨季（六月至九月）大部分島嶼都會被淹沒在水裡。我們也去了布拉馬普特拉河坐輪渡，一開始伴隨著悠揚的懷舊英文歌，和河上徐徐涼風，甚為愜意，可是到後半小時，印度ＤＪ開始放節奏感很強的舞曲，但沒有任何一個人跳舞，感覺很尷尬。總體來說，布拉河水已經不太乾淨，偏黃色，水中的沙非常重。

古瓦哈提有許多印度教寺院，最出名的是西部尼拉查爾（Neelachal）山上的卡摩加耶寺（kamakhya Temple）。這是印度教性力派⑤和密教信徒的重要朝聖地（四大道場之一），這裡定期有牲祭——我參觀時正好趕上砍水牛頭，來祭拜女神莎克蒂的活動。

那天正好下著小雨，汽車沿著深綠和淺綠掩映下的盤山公路向上。到達山頂時，看到販售敬神物品，和小禮品的小商鋪雲集，我們沿著這花花綠綠的小商鋪往上走，到達

⑤ 性力派是印度教的一個支派，專於崇拜沙克蒂或提毗（印度教的聖母），其主要教義為，這些女神從男神那裡得到性的力量，是宇宙萬有創造和誕生的本源。

畫面詩情畫意，但布拉馬普特拉河水並不乾淨。

梅加拉亞邦雨季會「出現」瀑布。

布拉馬普特拉河邊的印度教徒。

神廟。若想零距離膜拜神寺中的女神像，只能從兩扇門進入，而當時這兩扇門前，已經排起了繞山頭的長隊。這裡不僅宗教氣氛濃厚，加上山上雲遮霧繞，確實頗有一番仙境的感覺。

阿薩姆與不丹、孟加拉接壤，**文化、居民及氣候等與中國雲南，及包括緬甸在內的東南亞諸國接近**。因此該地區是印度推行，旨在制衡「中國影響」的「向東看」政策的重要起因。同樣，印度也將此處看作是，如同中國西藏邊境的重要軍事戰略之地，我們在旅行沿途看到很多印度、西藏邊境部隊的機構和宣傳牌。也有人認為，**印度不發展東北部經濟的原因**，是這裡地處中國邊境，印度跟中國存在分歧的阿魯納切爾邦（中國藏南地區）的未來發展不可預測，發展成軍事重地的意義更實際一些。

阿薩姆茶哪裡特別？

老天留給阿薩姆的自然資源，還包括享譽世界的阿薩姆紅茶。去阿薩姆，一定要參觀一下茶園。**中國人對阿薩姆的了解，或許來自臺灣統一企業出品的「阿薩姆茶」**。

茶葉種植為阿薩姆邦的經濟發展，做出重要貢獻。目前全邦約一七%的勞動人口，從事茶葉生產。阿薩姆邦出產的優質茶葉，因其獨有的特性、芳香和味道，已經成為世界上最受追捧的特種紅茶。在阿薩姆邦以農業為基礎的行業中，茶葉種植占據著十分重要的地位。

阿薩姆邦全境擁有八百多個，中型和大型茶葉種植園，還有二十多萬個小型茶園。該邦平均每年出產茶葉，超過四十八萬噸，成為世界上最大的茶葉產區。當地大部分茶葉種植園，分布在稱為「上阿薩姆邦」的東部地區，當地茶葉總產量，占世界總產量的近二〇％。

為了更有效的在市場上推廣阿薩姆邦，以及印度東北部各邦出產的茶葉，印度當地政府於一九七〇年，在古瓦哈蒂市創建茶葉拍賣中心。目前，它是世界上最大的ＣＴＣ（Crush Tear Curl，切碎—撕裂—捲曲紅茶）紅茶拍賣中心，和第二大的茶葉拍賣中心。每年在此拍賣的茶葉總量為十五萬噸，價值超過五十五億盧比（約新臺幣兩億四千萬元）。四月到十月是阿薩姆的採茶高峰期。

跟同樣名揚海外的大吉嶺茶不同，阿薩姆茶生長在平原，因而能夠全天沐浴在日照下，但過於充足的陽光對植物並非好事，因此聰明的阿薩姆人在茶園裡，也間隔栽種一些刺槐樹和黑胡椒樹，讓它們來遮蔽陽光，為茶樹提供一些綠蔭。他們還在茶園的邊緣種上香茅，用以驅趕蚊蟲。

我們住在古瓦哈提，一個叫「布拉馬普特拉河叢林度假地」（Brahmaputra Jungles

Resort）的旅館。它就坐落在一座山的半山腰，隱沒於叢林。我們開車找了好久，才在一個不起眼的山坳中發現到指示牌，循著指示，一直把車開上了陡峭的半山上。**這個旅館配套設施還算齊全**，但是生態頗為原始——**吃飯時蚊蟲特別多**。當天傍晚，我們在旅館所在的山頭上、附近的茶園散步，次日早上去山間散步，午餐後就去梅加拉亞邦的西隆了。

「地球上最溼潤的地方」，冬天缺水

在梅加拉亞邦西隆山城，我對貧窮落後有了更加具體的認識。我們沿路的所見是一片蕭瑟與破舊，人們穿著簡單的舊衣服（當地部落居民以一塊布裹身），以及雜亂無章、毫無色彩的破舊房屋，臨街的店鋪相當簡陋。

雖然西隆經濟不發達，但是自然風景非常美，甚至超過上述兩地。我們先是去了一些有些年頭的，世界遺產酒店雲集的區域，後來又去了Umiam 湖，占據此湖最佳視角的酒店是 Ri Kynjai Resort。在那喝下午茶觀湖景，是一個不錯的選擇。

在西隆的第二天，我們去了此行風景最美的地方——乞拉朋齊（Cherrapunji），離西隆有五十六公里，這裡被稱為「地球上最溼潤的地方」，風景秀麗，生態極好。

根據《印度時報》的報導，這裡保持著降雨量最多的世界紀錄。由於來自印度洋西南季風，帶來大量的水氣，使這裡的六月至九月的降雨量顯著增多。因為當著名的西南季風從孟加拉灣吹向青藏高原時，巍峨的喜馬拉雅山脈阻擋了季風，溼潤空氣被迫發生上升運動，凝結成大量雨滴，瓢潑般的降落在乞拉朋齊，使它成為**世界「雨極」**。令人費解的是，這樣一個世界雨極之地**竟然會在冬季缺水**，實在叫人難以置信。其實，因為在乞拉朋齊四周，由於日益增多的森林砍伐活動，導致大部分雨水，暢通無阻的從高原一瀉而下，流入了平原中的河道。所以當地人在乾旱季節，需要到水源充足的地區舀水生活。

如果你在雨季的時候來到這裡，可以看到多個壯觀的瀑布和大峽谷，例如 Dain Thelen 瀑布、Noh Sngithiang 瀑布和 Noh Kalikai 瀑布等。這裡跟孟加拉比鄰而居，在一些高處，還能夠遠望到孟加拉的平原。此行，我最喜歡的幾張照片就是在這裡拍的。該地幅員遼闊，擁有豐富的煤資源。**幾個人在山坡上隨便鑽一個洞，就能挖到煤**，煤質非常鬆軟易碎。

由於西隆沒有直飛新德里的航班，我從西隆又回到了古瓦哈提，還是入住第一天的酒店。當天主要去了布拉馬普特拉河中的島上濕婆神廟。風景自是比不上雲南瀘沽湖，但是想想這裡是印度，雖然被索取了相當於當地人五倍的門票費用，即五百盧比（約新臺幣兩百多元），但能坐船遊覽島和河也算不錯了（我的期望值已經變得很低了）。

下午我們去政府店購物（類似於政府經營的商店），買東西和開發票都是一板一眼的，真的展現出中國在一九七〇、八〇年代國營店和供銷社的特點！

這個兩層樓的政府店，雲集幾乎所有的當地特產。例如：竹製的帽子「夾比」，配上白底紅色，或綠色花紋的長方形頭巾，就成了當地商鋪和家庭很流行的節日裝飾。還有竹製工藝品——整個竹節做成的筆筒、竹製籃子、裝飾物等都很受歡迎，除此之外，據說一種叫「姆伽」的金色絲綢，是印度最精美的絲綢。當地的蘇阿庫村，還是重要的紡織中心。當然獨角犀木雕、卡瑪伽神廟微雕等，都是很值得買的特色工藝品。

5・柯欽港的回水和「鄭和」漁網

知道柯欽，是因為它是世界著名的大港口。當我隻身來到柯欽時，卻被它多彩多元的魅力驚豔到。在網路上預訂的旅館，是一棟白色的老式庭院，位於柯欽堡（Fort Cochin）上最古老的街道上。閒逛一下後，發現這裡有很多白色的房子、新興時髦的主題酒店，或頗具風情的古老遺產旅館，葡萄牙、荷蘭和英國等各國風格應有盡有。

柯欽令我印象最深刻的，是一個叫「回水」（backwater）的地方——一大片海水與河水交匯的區域。我坐著人工擺渡的木船在水面上慢慢的行駛長達六、七個小時，一路上可以看到原生態的水生植物、植被和樹林、熱帶海洋風景、豐富多彩的動物，以及漁民的日常生活。微風拂面而來，安靜的水域裡不時傳來幾聲海鳥慵懶的叫聲、船槳劃過水面的聲音、狹窄航道的樹葉刷碰船身的簌簌聲，安靜愜意，弄得遊客紛紛入睡，有的還呼呼的打起鼾來。我也不禁詩興大發，小聲**唸起了徐志摩的詩**：「撐一隻長篙向青草更青處漫溯，滿載一船星輝，向星輝斑斕裡放歌……。」一船人上岸，來到小島參觀當地住宅和島上獨有的植物，例如：胡椒、巨型芋頭和蘭花等，我們品嘗了當地的特色飲食，是用芭蕉葉盛放的素食，可惜沒有吃到新鮮的魚和海鮮。

在柯欽堡的北部海邊，有一處景點叫「中國漁網」。相傳，中國偉大的航海家**鄭和在十四世紀下西洋時，就曾來到面朝著阿拉伯海的柯欽港六次**，船隊留給當地人的十幾個中國漁網，如今已經成為這裡的旅遊景點。還有一種說法是，這些漁網是從澳門弄過來的。不管歷史如何，這些漁網現在的功用，是當地人向遊客展示如何捕魚，以換取小費。近海處海水已經呈灰色，還有一股惡臭味，如果要捕到數量可觀的魚，必須去遠處的海才行。

作為一個重要港口和文化彙聚地，**僅僅在柯欽堡上的古董店裡，就能夠找到來自中國等世界各地的古董、錢幣、小玩意**，如果你有足夠的藝術鑑賞眼光，那麼你絕對會淘到寶。

市內的默丹傑里宮（Mattancherry Palace）——存放荷蘭殖民歷史的博物館。

中國漁網，這 9 個當然不是當年鄭和給的。

美麗的柯欽港口。

柯欽每晚都會上演卡塔卡利傳統戲劇。

6・真理之城，鄭和來七次的理由

二〇一三年，恰逢鄭和逝世五百八十週年。九月，我前往鄭和七次下西洋，所停靠的印度中轉站——印度南部喀拉拉邦科澤科德（也叫卡利卡特），一探這安寧而多彩的海邊小城，為何吸引鄭和七次訪問這裡？長眠於此的鄭和，是否在此有墓碑？當地是否還有鄭和或者中國的遺蹟和影響？

操場上的青花瓷和圖書館裡的銅錢幣

這座城市有好多名字。科澤科德是其馬拉雅拉姆語名字，出現於公元十三世紀。阿拉伯語中的名字為卡利卡特。在中國宋代典籍中，它被稱為南毗國，元代古籍中稱為「古里佛」，明代古籍稱為「古里」。十四世紀時中國旅行家汪大淵，曾訪問過古里佛，在所著《島夷志略》一書中有專篇記述。

歷史學家認為，在鄭和七次下西洋的旅程中，前三次主要是打好明朝與諸番國的關係，以昭示明朝大國的政治目的。從第四次下西洋開始，船隊的商業貿易意圖十分明顯，鄭和船隊每到一個國家，除了「開昭領賞」外，更鼓勵自己帶來的人與當地人進行貿易，自此，大批中國絲綢、茶葉、陶瓷源源不斷的流向各國。據喀拉拉邦卡利卡特市文化遺產論壇，裡頭的主席拉姆昌德拉介紹：「中國商人和印度商人，在絲綢背後悄悄的用手指或腳趾講價，最後當眾拍掌為定，或貴或賤，再不悔改。**那時候這裡被譽為『真理之城』**，當地人做生意童叟無欺，把商品放在市場沒人管也不會有人偷，而且這裡的關稅低，所以中國人愛跟當地人做生意。」

根據多次隨鄭和下西洋的翻譯官馬歡，所著的《瀛涯勝覽》中講到的，鄭和率船隊七次下西洋，每次都會到古里。當時鄭和的船隊帶來中國的瓷器、絲綢等許多物品，歷史學家納拉亞南說，在當地詩歌裡還有描述絲綢旗子的詩句。當時古里國王派掌管國家事務的大頭目，帶領二頭目、算手、仲介人和中國官員面對面議價，並擊掌定價，古里國以六成金幣「法南」，或銀幣「答兒」支付貨款。

拉姆昌德拉說，古里國的富商也會帶來靛藍染料、香料、檀香木、寶石、珍珠、珊瑚等貨物跟中國人買賣。「這裡的商人在古時還去採集燕窩賣給中國人。」他說。鄭和的船隊還把古里，作為補充淡水和食物、向西進入阿拉伯海和非洲海岸的基地，平均每次停留三至四個月。在當年鄭和登陸這裡的口岸，我們看到一片風平浪靜的景象，拉姆昌德拉指著海岸說：「即使在季風時節，這裡的風浪也很小，易於泊船。」

鄭和當年登陸的海岸——位於卡利卡特以北的潘德拉伊尼—科洛姆地區。

位於卡利卡特市的中國絲綢街口的雕塑：中國商人正在和印度商人交易。

鄭和永樂五年（一四〇七年），第二次下西洋到達古里後，當地國王接受中國皇帝明成祖朱棣，詔封古里王的敕書和誥命銀印，各頭目接受升賞品級冠服；鄭和還在古里立石碑亭紀念：「其國去中國十萬餘里，民物咸若，熙同風，刻石於茲，永昭萬世。」（一六一三年，耶穌教傳教士曾看見鄭和在古里所立石碑）如今，該碑文已經不存在了。根據史料記載，鄭和下西洋隊伍中，還有兩名古里國人沙班和沙孝祖，兩人都是擔任原南京錦衣衛的副千戶。一四三三年四月，鄭和最後一次下西洋途中去世於古里。

由此可見，古時兩國的關係是十分密切的。而日本考古學家於一九八七年，在卡利卡特以北的潘德拉伊尼—科洛姆地區（Pandalayini-Kollam）的一所小學操場地下，發現了寫有「大明萬（曆）」字樣的，十三至十四世紀的中國青花瓷碎片，更是佐證了中印兩國在明朝的聯繫。

八十多歲的納拉亞南告訴我，雖然鄭和逝世了，但中國與卡利卡特的聯繫，持續到明朝以後，「主要靠在中國的卡利卡特人——今居住在廣西的『古里馬氏』及其後代維繫。」二〇一一年，中國學者也在印度發現新的證據。中國藏學研究中心北京藏醫院學者劉英華，在卡利卡特寫本圖書館裡，查閱貝葉寫本時，意外發現在二五七九號寫本的繩結上，穿有一枚中國古錢，幣面上有「道光通寶」四個漢字，是清朝道光皇帝在位期間（一八二一年—一八五〇年）所鑄造，距今有一百多年。截至二〇一一年十二月二十六日，共有十六枚清代銅幣被發現、並全部經過鑑定，其中帶有「乾隆通寶」銅子的貝葉寫本有十部、「嘉慶通寶」銅子的貝葉寫本有五部、「道光通寶」銅子的貝葉寫本有一部、還有一部帶有一枚嚴重銹蝕，難以辨認文字銅子的寫本。學界認為，這些古錢幣的發現，代表著**卡利卡特和中國的貿易往來，持續到十九世紀的後五十年，也就是鴉片戰爭爆發時期**。

「復活」中國和當地的交往——為了打造一帶一路

現在，在卡利卡特跟鄭和船隊有關的歷史遺蹟，已經不多了，除了那座「中國清真寺」外，就剩下**不賣中國絲綢的「中國絲綢街」**上的中國商人雕像、博物館中陳列的中國陶瓷、一種叫「中國鍋」的炊具、中國朝天椒等，有與中國歷史有關聯的痕跡了。此外，並沒什麼別的具體有關鄭和和中國的遺蹟。

這裡也沒有鄭和登陸口岸的紀念碑柱，然而形成鮮明對比的是，比鄭和晚登陸印度九十三年的葡萄牙人達．伽馬，卻在其登陸的口岸留有紀念碑柱。一四九八年，在阿拉伯航海家艾哈邁德．伊本．馬季德的帶領下，達．伽馬率領的船隊借著印度洋季風，於五月二十日抵達卡利卡特，該港口正好是鄭和曾停泊的地方。而一五二四年四月，達．伽馬第三次來印度，染疾後死於柯欽。這個地方距離鄭和去世的卡利卡特，只有兩百五十公里。達．伽馬的遺體被安葬在柯欽的聖法蘭西斯教堂。十四年後，其遺骸被運回里斯本安葬，紀念碑則留在教堂。拉姆昌德拉說：「**鄭和的遺體被海葬了**，在卡利卡特沒有鄭和的墓碑，在中國的鄭和紀念堂裡也沒有遺體或骨灰。」

因此，納拉亞南、拉姆昌德拉這兩位老先生，很努力想**「復活」中國與卡利卡特地區，歷史上頻繁的經貿文化聯繫**。納拉亞南說：「陸上絲綢之路已經很出名，但是海上香料之路卻鮮為人知。」他們希望在有生之年，力推這條路上的聯繫。而目前的心願是，促成在喀拉拉邦特別是卡利卡特市，成立一所中國孔子學院。

據拉姆昌德拉介紹，目前，卡利卡特地區有不少商人，前往中國採購商品，學習中文的需求也與日俱增。他正在計畫借鄭和逝世五百八十週年的機會，舉辦一系列紀念活動。二〇一三年四月，一隻來自卡利卡特市，根據傳統舞蹈卡塔卡利中的人物臉孔，所設計的風箏，在中國的「風箏之都」山東濰坊風箏節上展翅高飛。另外該年十二月十二日至十四日，還舉辦了「第六屆全印中國問題研究大會」。拉姆昌德拉希望透過這些活動，向卡利卡特人介紹當今中國人民的生活，以及社會經濟發展情況，推動與中國間的商貿文化交流。拉姆昌德拉還欣喜的告訴我，中國的一位教授建議在兩年內，仿造一艘當年鄭和下西洋的船隻，駛向卡利卡特，並在該地樹立一個鄭和的紀念碑。「我非常期待這些能盡快實現。」拉姆昌德拉說。

1987 年，歷史學家在鄭和船隊停歇的小學操場上，發現中國的青花瓷碎片。

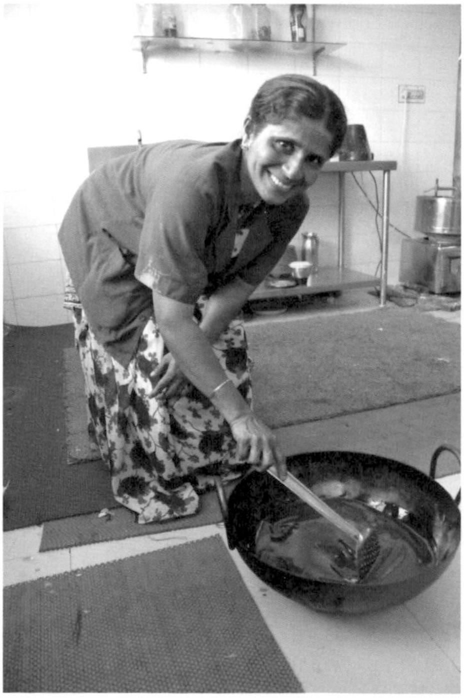

婦女展示一個叫「中國鍋」的廚具。

鄭和是回教徒，船隊停歇於小學操場旁的「中國清真寺」。

7・時間在亨比靜止：古蹟、巨石與嬉皮

華人會知道亨比（Hampi），大概是因為成龍主演的電影《神話》曾在此取景。我的印度朋友，也多次向我推薦這個獨特的石頭古蹟小鎮。在印度炎熱的春末，我坐上了火車，從印度南部卡納塔克邦首府邦加羅爾，前往亨比村落。

我喜歡印度的南部，不管是泰米爾納德邦、喀拉拉邦，還是卡納塔克邦。我喜歡南部人的裝扮，當地女性喜歡頭戴白色的茉莉花，身著豔麗的紗麗，佩戴金飾或鍍金的首飾；男性則用一塊布圍成半身裙。**南印人也相較北印人友好，當地人總會主動來幫忙**。當我一個人晚上在火車站等車時，一對夫婦在我去廁所時，主動幫我顧行李，他們離開時還特別提醒我要注意安全，讓我去女性專用候車室等候。

南印石頭小鎮原是首都

亨比古蹟群村落，位於內陸卡納塔克邦的貝拉里市郊鄉村、棟格珀德拉河河畔，距邦加羅爾有三百五十三公里，距貝拉里市中心七十四公里。

我雇了一輛電動三輪車，司機帶著我從火車站前往亨比並送我到各景點。沿路上亨比的自然風光優美，路邊有香蕉樹、椰樹和稻田──跟中國一樣，印度南部的主食是米飯。這裡的地貌很特別，有很多天然的巨石聳立，就連這裡的河流也被許多密布的大石頭點綴著。

亨比是一個古蹟與寺廟雲集的石頭小鎮，它曾是古印度盛極一時的毗奢耶那伽羅王朝（Vijayanagara Empire，一三三六年－一五六五年）的首都（毗奢耶那伽羅，與國同名，意為「勝利之城」）。

當時海上貿易蓬勃，宮殿和寺廟林立，一直是重要的宗教中心。繁榮的狀況持續至一五六五年，直到首都被北方德干高原上的五個蘇丹國聯軍征服為止。**穆斯林搶掠了毗奢耶那伽羅（亨比）這座城市，六個月後，城市被洗劫一空，最終遭到廢棄**。一九八六年，毗奢耶那伽羅的廢墟，被聯合國認定為世界文化遺產。

亨比的遺蹟中，有不少以達羅毗荼式風格建成的印度教神廟，其中一些神廟至今仍有信徒會去虔誠參拜，例如：位於亨比市集的濕婆神廟維魯巴克沙（Virupaksha Temple），早在王朝建立時便已存在。

亨比市集是一個商鋪和廉價旅館林立的，緊湊且擁擠的商業區域。因為火車一大早達到亨比，我把行李放在《孤獨星球》上推薦的一家芒果樹餐廳，這家印度風情十足的餐廳裡，全部使用當地的印染布裝飾，座位也多為棉墊，西方遊客三三兩兩悠閒的坐在這裡，喝著飲料閒聊、看書或用餐。當天天氣太熱了，疲憊不堪的我，在這個沒有空調只有電扇的餐館，被熱得暈睡過去。

我還去了另一處世界文化遺產——守護神毗濕奴寺，該寺也是建在一個石頭山群裡。我坐著電動車在石頭山巒中穿行，不一會兒就到了同樣是石頭堆砌的太陽廟。這個寺廟的庭院非常開闊，正中間入口放著一個石頭戰車，據說車輪現在還能轉動。最大的神——毗濕奴主寺正在維修，我跑到後側看了看，地下主殿深邃黑暗，柱子上都是各種印度神的雕像，相較於外面的高溫格外涼快。這裡還有毗奢耶那伽羅王朝女王的宮殿遺址——蓮花陵。蓮花陵附近有許多石頭寺廟，幾乎每隔一段距離就有廟宇和古蹟。

便宜、原始的嬉皮樂園

古老的亨比如今是個嬉皮樂園。亨比有一條河流，河流兩岸以及河中心都是稜角光滑的大石頭，人們在河岸邊洗澡、洗頭髮、洗紗麗，在河畔晾乾自己和紗麗。就在我準備坐輪渡離開時，被當地的導遊和司機圍著問：「你從哪裡來？」我說：「中國。」他們馬上興奮的說：「成龍來過這裡。」而當我坐渡輪到河的另一邊，跟隨著西方嬉皮走

毗奢耶那伽羅王朝時期的石頭戰車，據說輪子能轉動。

稻田盡頭五顏六色的廉價旅館「超級便宜」，住著來自西方的嬉皮。

石頭小鎮的壯麗建築——濕婆神廟維魯巴克沙。

女王的蓮花陵墓。

出一條羊腸小徑時，眼前躍出一片遼闊而平坦的稻田，稻田坐落在石頭群山的懷抱裡。而**在群山腳下以及河邊樹林裡，分布著各種超級便宜的旅店**——在中國，最便宜的旅社的一張床鋪，都漲到每晚人民幣五十至六十元（約新臺幣兩百多元）時，這裡一個房間一晚的房租才人民幣二十至三十元（約新臺幣九十至一百四十元）。

當然這裡很熱，西方男嬉皮都光著上身，女嬉皮也身著性感暴露的連身裙。摩托車是他們最常見、最拉風的交通工具。有的人背著樂器去酒吧餐廳演奏，有的人賴在網咖裡不離開，還有的人在販售當地手工藝品的攤位前流連不已。

而我在蒸騰的熱氣裡，坐在小販部門前，跟店主及其兒子有一搭沒一搭的聊著天，望著遠處亙古不變的石頭山，覺得世界好奇妙，**來自不同空間的人，聚居在這個時間彷彿靜止的地方**，有的人想放空自己，與熟悉的那個世界隔離；有的人在這裡思考著自己與他人、與歷史的關係，尋找人生新的出發動力；有的人什麼都不想。然而，不管怎樣，時間自顧自的在每個人的心弦上優雅的滑過，奏出千姿百態的美妙樂曲。

8・錫克教聖殿與甘地不合作

阿姆利則位於印度西北部的旁遮普邦，與巴基斯坦的拉合爾接壤，距離拉合爾只有五十多公里。**「阿姆利則」一詞源於梵語，意為「花蜜池塘」**。在蘭季特・辛格王公時代，阿姆利則取代拉合爾，成為旁遮普的首位城市。當地的主要經濟活動有旅遊、地毯、紡織、農產品、手工藝品、服務業等。該市還有眾多錫克教聖地，其中最大、最著名的是阿姆利則金廟（Harmandir Sahib），它位於阿姆利則市中心，據說整座金廟的建造，共耗費約七百五十公斤的黃金。

金廟——錫克教徒的聖殿

金廟總面積約十公頃，內部呈長方形，中心為一個面積一百五十平方公尺，叫做「神池」的人工湖，湖四周圍繞著十幾公尺寬的黑白大理石，一座金光閃閃的正殿，就巍然屹立於湖水正中間，一條長約五十至六十公尺的大理石橋，相連到湖邊平臺。

金廟的整個建築幾乎通體鎏金，極為壯觀。這座被譽為「錫克教聖冠上的寶石」的

位於湖中央的阿姆利則金廟。

白衣男子虔誠朝拜。

建築，風格典雅優美，融合了印度教與伊斯蘭教的建築風格。金廟廟頂為一大金圓頂，四角各立有一個小金圓頂，彷彿四個金甲武士，護衛著頭戴金冠的威嚴帝王，這些金圓頂全鍍滿了一百多公斤的黃金。也有人說，聖殿造型更像一朵倒放的蓮花，反插於湖水、直通大地，表達錫克教對人世間苦難的關心。金廟共有三層，第二、三層和頂上裸露的地方，都鋪上鍍金的銅葉片，白天在陽光照耀下，整座建築金光閃閃，熠熠生輝。而晚上，金光、月光和燈光在水面交相輝映，原本波瀾不驚的湖水，則會波光粼粼。

金廟之內，水晶吊燈、鮮花、祭祀品等雲集，還有宗教大師在此誦經祝禱。如果在印度新年排燈節期間來金廟，你會發現這裡簡直是水天一色、燈光熠熠，美不勝收。

金廟內部共分十二個區域，除聖殿外，還有香客休息室、誦經堂、法師起居室、修道殿、膳廳、儲藏和陳列室等。此外，還設有免費提供一日三餐的食堂。這意味著，你**可以在這裡待上一整天**，誦經、祝禱或是發呆。

我來到金廟的時間是早上約七點半，東方泛白，太陽還未出來，赤腳走在冰涼的大理石路板上，感受刺骨的寒冷，而在一些地方，還必須先沐足才能踏入，我通紅的雙腳被凍得發癢，叫苦不迭。而我身邊的印度人不僅對打赤腳毫不在意，且在正對著金廟的方向，一群群男女老少只穿著內褲下水沐浴，這場景著實讓人驚嘆信仰的力量，以及印度人的虔誠。

美麗的東西總是命運多舛。一九八四年，時任印度總理英迪拉·甘地為了鎮壓分裂主義分子，下令炮轟錫克教聖地金廟，這也導致她不久後被錫克教保鏢槍殺，這一事件最終引發，印度教徒與錫克教徒的激烈衝突，共有約三千餘名錫克教徒在衝突中被殺。

阿姆利則血案與甘地

除了赫赫有名的金廟，阿姆利則也因一九一九年的阿姆利則血案，在歷史上留下一筆。

一九一九年二月六日，英印立法會議通過《羅拉特法案》。該法案規定警察可任意逮捕官方的懷疑分子，不經公開審訊、長期監禁，使得印度人民完全失去政治自由，全國譁然，群起反對。旁遮普的反帝鬥爭尤為激烈，或許跟錫克教徒身材高大、尚武有關。英國殖民當局一方面不准「印度聖雄」甘地，到旁遮普宣傳堅持真理運動，另一方面採用恐怖手段實行鎮壓。

四月十日凌晨，兩名民族主義活動家，在阿姆利則市被逮捕，隨後約有三萬市民集會於市政府門前，要求釋放被捕者，遭到警察和騎兵的鎮壓。集會者奮起反抗，於傍晚占領火車站、電報局和電話局。當晚，英印軍隊的R.E.H. 戴爾將軍，率領軍隊開進阿姆利則市，實行宵禁。四月十三日，約五萬人在阿姆利則市賈利安瓦拉·巴格廣場舉行集會，抗議殖民當局專橫暴虐。群眾大會完全是和平的，有不少人還帶著孩子來參加集會。當天下午戴爾指揮裝中車，堵住廣場唯一的狹窄出口，並下令向密集人群開槍射擊。當場有三百七十九人死亡、一千兩百人受傷。

大屠殺反而激起印度人民更加激烈的反抗。阿姆利則血案成為甘地於一九二〇年至一九二二年，發動全國性「非暴力不合作運動」的直接原因之一。英國內閣成立亨特委員會調查此事，結果戴爾受到英內閣的「讚揚」，但他卻受到英國人民和反對黨的譴責。

我來到金廟旁邊的夏利瑪公園（Jallianwala Bagh），這個公園就是「阿姆利則血案」的發生地。這裡修建該血案的照片展館，並保存當年人們為躲避廣場上的槍殺，而跳進的大圓井，我看到**井口內壁斑駁的槍彈口**，黑森森的井底被鐵絲網遮住，望不到底，死亡之慘烈讓人毛骨悚然。

旅遊景點——印巴邊境降旗儀式

來阿姆利則一定不能錯過，獨具特色的印巴邊境降旗儀式。連接印度阿姆利則市，與巴基斯坦拉合爾市的阿塔里—瓦卡（Attari-Wagah）邊境口岸，是印巴之間唯一開放的陸路邊境口。自一九四七年印巴分治以來，兩國每天日落時分，都會在此舉行閉關降旗儀式。而這項表演感極強的降旗儀式，逐漸成為一項著名的旅遊景點，吸引著來自印度各地，以及世界各國的遊客前往觀賞。

觀賞降旗儀式的人，要經歷三道嚴格的安檢，除了錢包、手機與相機之外，不能帶其他隨身物品。入場排隊的人也非常多，而且男女要分開排隊。

在儀式開場前，現場的人群高唱歌曲、揮舞國旗，氣氛十分熱烈，很像兩國的愛國主義教育基地。特別是身處在印度這邊的阿塔里邊防哨所，現場喇叭音樂聲響震天，人們使出全身力氣來喊口號、高歌熱舞。現場還有教練來指揮大家的掌聲與熱情。身著統一服裝的學生，拉著頭戴紅色扇形禮帽、穿著米黃色禮服的儀式兵一起舞蹈。還有歡快的人們兩兩一組，揮動著印度三色國旗在看臺中間的走道奔跑。即使在看臺區域坐著的人們，也手舉國旗、臉上畫著國旗，熱烈的鼓掌與歡呼。

巴基斯坦那邊的瓦卡哨所看臺上，也坐滿了巴基斯坦人，同樣的喇叭聲震天，呼聲熱烈。大約下午四點半，一輛從德里直達拉合爾的巴士，從阿塔里哨所開到對面的瓦卡哨所，現場的印度人，向車上的巴基斯坦人招手歡送。而後是印度儀隊，與頭戴墨綠色扇形禮帽與禮服的巴基斯坦儀隊，表演踢高腿、走正步、戰鬥姿勢等。接著，降旗儀式正式開始，在兩國的國歌聲中，各自的國旗緩緩降下，並被儀仗兵莊嚴的抬回本國。

降旗儀式結束，人們還久久不願散去，在兩國哨所的門前留影紀念。即使是在散場的洶湧人潮裡，我也能真切的感受到，印度人深深的快樂與自豪感。

正在表演的印度儀隊。

從印度這邊望過去，對面的綠衣巴基斯坦儀隊和民眾。

9・百聞不如一見：克久拉霍性廟群

位於印度中央邦北部的克久拉霍（Khajuraho）性廟群名聲遠播，不少人聽說過它。在「談性色變」的中國，性在公眾場合一直都是禁忌。然而，在印度這個神奇的國度，有一處地方的十幾座寺廟，上頭公開雕刻著印度《愛經》（*Kama Sutra*）中人物「做愛」、「多人交合」、「人獸交合」的場景。

因「在建築與雕塑之間，達成了完美的平衡」及其「裝飾性雕刻，堪稱印度藝術的傑作」，克久拉霍神廟群還被聯合國教科文組織，評為世界文化遺產。這裡也成為遊印度的資深背包客必去之地。

克久拉霍村距離德里六百多公里，不算遠，從德里出發，有火車和汽車可直達。一個週末，我和朋友一行人搭一夜火車，來到這個名氣很大的小村子。

克久拉霍的神廟群，建於西元後九五〇年至一一五〇年，由在當地勢力逐漸強大的拉其普特王公修建，而根據德國人著的《印度史》一書所言，拉其普特王朝對印度文化，做出最重要的貢獻之一，便是對神廟建築和雕刻的保護。昌德拉王朝建設宏偉的克久拉霍神廟，成為這個偉大的拉其普特文化時代的一個光輝範例。目前這些神廟僅存二十五座，分東、西、南三大群落。

其實，廟群中性愛題材的雕塑並不多，而是以生活的場景、戰爭、人物、動物等雕塑居多。那些關於女人和性愛的隱蔽雕塑，一定要認真尋找才有緣相見。而這裡看守各個寺廟的保全，對這些雕塑的位置瞭若指掌。當來到最後一座小寺廟門口時，一個印度老頭神祕的示意我們過去，只見他拿出手電筒，光線射向黑漆漆的寺廟中央雕刻群上的一個女子，說道：「你瞧，刻得多逼真，線條非常圓潤，這個女神正撩開自己的紗麗下擺。」循著他的手電筒的燈光看去，一個個神像栩栩如生。這些神像有的是印度教的濕婆、克利希納、太陽神，有的則是耆那教的神像。

很多遊客來此，都是為了看性愛和裸體的雕塑，但是令遊客感到疑惑的是：**為什麼要在雕刻中，如此大膽露骨的展現男女交合的姿勢，刻意渲染與炫耀性愛的刺激？**據說有三種理論：

一、這些性愛雕塑，實際上是一種鑿刻在岩石上的印度性學經典《愛經》，或者說是一本性愛技術的指南圖冊。讀者是神廟裡的年輕修行者，他們無法得到世俗的性教育，因此需要用這種形象的圖書來「補課」。

二、為了保護建築防止雷擊和惡魔侵襲。據說惡魔因陀羅（Indra，時常化身為暴雨或雷電）特別喜歡色情刺激，**若寺廟上刻有這種畫面，因陀羅就不會威脅**寺廟的安全。

一名倚靠著寺廟雕塑的印度女性。

修建於拉其普特王公統治時期的克久拉霍寺廟群，被譽為「建築與雕塑的完美平衡」。

各種性愛姿勢隱匿於雕塑群中，一定要認真尋找才有緣相見。

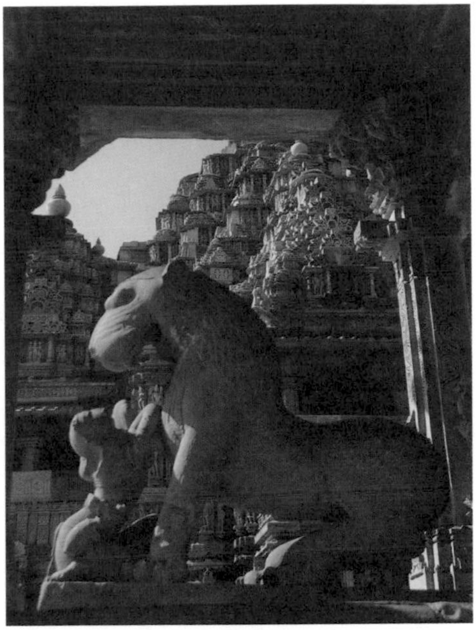

其實，克久拉霍寺廟的雕塑，以生活的場景、戰爭、人物、動物等雕塑為主。

動物與人物雕塑。

三、性愛雕刻是密教（Tantra，梵語「曇特羅」）儀式的圖解，類似藏傳佛教密宗的「歡喜佛」。印度傳統宗教中的性力派，以及脫胎自婆羅門教的藏傳佛教的密宗一派，認為人體乃宇宙之縮影，宇宙生命是男性活力（濕婆神）與女性活力（性力，即「沙克蒂」）結合的產物，因此男女兩性**交配的儀式也是一種修行模式**，修行者透過它來實現「人神合一」，獲得靈魂解脫的極樂。由此推測，克久拉霍的眾多神廟，在昌德拉王朝時期，說不定是舉行密教狂歡儀式的場所，神廟甚至可能豢養大批姿色迷人、精通《愛經》的「廟妓」，雕刻上的裸體女像，正是那些「廟妓」的真實寫照。

四、克久拉霍的工匠可能只是在用石刻，表現他們那個時代的社會風貌。或許昌德拉王朝，是一個風氣開放的世俗社會，浮雕上的畫面在當時並不被認為是淫亂、墮落和猥褻，而是日常的、優美的、歡快的場面。在一神教信仰征服世界以前，或許人類確實有過「純真的童年」。

或許，正如佛印禪師與蘇東坡的故事揭示，當禪師心中如佛，看蘇東坡坐姿時，蘇東坡如佛；而當蘇東坡心中有牛糞，看禪師時，才會看到牛糞。以此類推，當心中滿是色情與淫穢時，看到這些雕塑時，滿眼是各種性愛姿勢；而當你心中充滿藝術之美時，你欣賞這些雕塑時，一點也不會覺得淫穢和色情。

10・前往印度新總理的家鄉——古吉拉特邦

我第一次去印度新總理納倫德拉・莫迪的家鄉古吉拉特邦（離孟買不遠），是二〇一三年一月，為了報導「活力古吉拉特二〇一三」活動。這是該邦政府每兩年，舉行一次的最大國際商業峰會。

出發時發生了一個小插曲。我是在很匆忙的情形下決定前往，因為準備不充分，出發的前一晚才開始訂機票和旅館，結果會議舉行地、該邦省會城市甘地納加爾的旅店都滿了，但不管怎樣先去了再說，所以買了機票。抵達當天，正當我為晚上住所而一籌莫展時，我遇到了訪問當地一所企業家發展學院的中國教授，和一位雲南某大學的政府官員。在他們的幫忙下，我幸運住進了一個小巧而美麗的印度校園裡。當時我最大的感觸就是，在異國他鄉遇到同胞真好！

不像印度

這次活動辦得非常熱鬧，有來自世界十多個國家的代表人士出席。在開幕式上，各國商人把時任古吉拉特邦首席部長納倫德拉．莫迪誇得天花亂墜，讓人覺得莫迪擔任二〇一四年，新一屆政府總理是實至名歸，印度在莫迪的領導下能發展得更好。

「活力古吉拉特二〇一三」峰會上，我見識到在印度的日本企業的規模。當日方代表發言時，臺下坐著的所有日企代表人員，迅速的站起來問候大家，幾乎是現場來的人數最多的一個海外國家。二〇一四年印度國慶日時，日本天皇夫婦作為貴賓被邀請訪印。相比印中關係，**印日關係好得真叫人眼紅**。

但不得不說，**印度人跟中國人有些相似**，**喜歡盛大場面**，或者更確切的說是輕易承諾，但兌現起來有些難。正如二〇一二年，簽訂了一堆「諒解備忘錄」，但真正落實的不到一半。全球投資峰會的開幕式賓客雲集，好不熱鬧，但是國際貿易展上有很多空的展位。吸引的遊客主要是普通民眾，並不具有針對性，大家只是來看看熱鬧，真正下單的較少，一位生產鑄型器的寧波企業來此布展一週，只有五單生意。

不過還是要稱讚莫迪，因為**古吉拉特邦是最不像印度的邦**，這裡很少停電、道路嶄新而平整，官僚主義和賄賂現象很少，投資報酬率高，整體的城市基礎設施建設，也較其他城市好。當車開入甘地納加爾市區（為紀念聖雄甘地而命名，**甘地也出生於此**），一片片整齊的綠樹和不遠處正在建造的現代樓房，很吸引眾人目光，莫迪是要把這裡建造成「綠色之城」。

非暴力不合作運動的發源地

我還順道參觀了甘地修行館。它掩映在綠樹之下，顯得特別矮小而不起眼，若不是門口的標示和甘地像，很容易被人遺漏。

有意思的是，甘地修行館所在的街道居然叫做「監獄路」（Jail Road），這不僅讓人想到一些巧合。甘地曾在日記中寫到，為什麼他在一九一五年，選定這個地點作為他的修行館，原因之一就是附近有一座監獄。他每次早上散步來到監獄門口時，都會覺得修行館和監獄，有某些相似之處。因為這兩個地方都為人提供反省、思考和冥想的機會，而對於印度解放運動來說，監獄甚至是他們政治鬥爭很重要的一個場所，在進行非暴力不合作運動中，他們寧願被捕、被關押，也絕對不進行抵抗，**目的是讓監獄人滿為患**，迫使當局不得不增加伙食費的開銷，同時，他們還在監獄商量下一步的行動計畫。**監獄已經成了鬥爭的重要庇護所**。

修行館位於古吉拉特邦薩巴爾馬蒂河畔，在甘地時代，這條河是艾哈默德巴德市的城界。該市的居民人口已經從二十世紀初的二十萬，增加了三十倍之多。監獄路和這條河，見證了城市人口瘋長、河流乾涸的漸進歷史。站在甘地修行館的院子裡，你能夠望見河流對面，高聳著幾個紡織廠的煙囪拔地而起。這些紡織廠使艾哈默德巴德市享有

「印度的曼徹斯特」之稱。一八六一年美國發生南北戰爭時，運往英國的棉花供應被中斷，英國殖民政府為了滿足對紡織品的需要，准許印度企業主建造紡織廠。除了孟買的帕西人之外，古吉拉特邦人是首批創辦自己的紡織工業的印度人。今天，我在這裡的街頭，還能看到不少人手持紡織車輪。因為這裡具有棉花加工的悠久傳統，而且在羅馬時代，古吉拉特邦就已經生產出平紋細布運往歐洲。

從資料中可以看出，甘地跟當地的紡織業界的關係，也非常緊密複雜。一九一四年，甘地結束為南非印度僑民爭取平等權利鬥爭回到印度，一年後，他在艾哈默德巴德創辦了修行館。當時，艾哈默德巴德的紡織工業正處於繁榮時期。大部分企業主都支持印度早期，爭取更多自治權的政治運動，也為甘地建築修行館提供經濟上的支援，但是當甘地開始向「不可接觸者」開放修行館，並為這些人提供住宿時，企業主就迅速終止提供資金。

那時候還有一位企業主繼續忠實的支持甘地，他叫安巴拉爾・薩拉白（Ambalal Saraghai），他是當地最有影響力的紡織企業主之一，是唯一一個贊同甘地主張的人，即爭取印度政治獨立的鬥爭，必須與反抗種姓歧視的鬥爭同步進行，這一點也是受他妹妹、甘地思想的追隨者安娜蘇雅・薩拉白的影響。

這兄妹倆和甘地的關係都很密切。一九一八年，安娜蘇雅組織艾哈邁達巴德市紡織工人罷工，對甘地來說，這是繼比哈爾邦「靛青運動」之後，**他的非暴力抵抗策略，第一次在印度國土上嘗試**。而工廠業者很失望，因為甘地不把精力用來反抗英國人，卻突然把矛頭對準了他們。

這場罷工持續二十二天以後以和解告終，工人沒有取得完全的勝利。此外，安娜蘇雅建立印度歷史上第一個工會——「艾哈默德巴德紡織工人協會」，從此，工會成為地方紡織工業興旺發展的重要支柱，這種對抗一直延續了半個世紀之久，直到英迪拉・甘地推行其經濟政策，才使得艾哈默德巴德市的紡織工業逐漸衰落。而如今，這些企業也被國有化，生產仍然一直呈虧損狀態，工資也遭凍結，工廠的工人越來越窮。

不光在經濟領域，在社會領域中曾在很長時間內，阻止穆斯林和印度教派達利特工人，因社會和宗教差異引發暴力衝突的工會，隨著紡織工業的危機而衰落，工人之間的團結出現了裂縫，印度教徒和穆斯林群體之間，自古以來的宗教對立，被政治家的宣傳和政治口號所煽動。一九八七年，當兩大宗教團體之間發生嚴重衝突時，紡織工人的居住區也第一次發生了暴動。至今，古吉拉特的穆斯林，和印度教徒的宗教矛盾仍舊很深，例如：二〇〇二年發生的古吉拉特邦穆斯林大屠殺，堅持印度教民族主義、時任該邦首席部長**莫迪的無作為**，**導致至少兩千名穆斯林死亡**，這成為莫迪一生的政治汙點。

現任印度總理莫迪，曾經治理的古吉拉特邦艾哈達巴德市，當地的某座公園。

甘地修行館院子中的甘地塑像，在監獄路上。

11・感受「莫迪熱」——印度當家終於不姓甘地了

二〇一四年四月二十七日至三十日，我再去古吉拉特邦時，納倫德拉・莫迪已經是新一屆全國大選中代表印度人民黨（簡稱印人黨）的總理候選人，他是最熱門的新總理人選，尤其在他擔任首席部長的古吉拉特邦，他的當選呼聲非常高。

那幾天，我和同事實地走訪古吉拉特邦維達道爾和艾哈默德巴德，見證了莫迪在當地如何被愛戴和憎恨。

在阿南德集會上的莫迪支持者們。

莫迪魅力勢不可當

莫迪在二〇一四年的印度人民院選舉中的優勢是，他對古吉拉特邦經濟方面治理的成功。從二〇〇一年十月上任以來，該邦贏得了印度的「深圳」與「廣東」之稱——大有改革試驗田的美譽。該邦是印度工業化發展最快的邦之一，從二〇〇二年四月至二

○一二年三月，該邦平均每年的GDP成長率為一〇．二七％（遠高於印度平均GDP七．九％）。在過去五年裡，該邦官方農村貧困率從三九．一％，降到二六．七％。該邦最大城市艾哈邁達巴德，在二〇一〇年被《富比士》雜誌**評為世界第三大發展最快的城市**。該邦工農業成長均高於印度平均水準，以經濟社會發展顯著、治安管理嚴格、辦事高效和低腐敗率出名。

四月二十七日，我們前往印度人民黨，在古吉拉特邦維爾道拉市的黨分部，採訪總負責人巴拉蒂先生。胸前佩戴印人黨蓮花標誌徽章的巴拉蒂在採訪中，瘋狂稱讚莫迪在古吉拉特邦的卓越政績。他說：「古吉拉特邦在水、電等基本生活必需品的保障方面，做得都比印度其他邦要好。」他還推薦我們參觀該市的中央巴士站——這座修得跟法國的龐畢度博物館，外表有些相似的現代白色建築，非常高大。

次日，我們來到位於維達道爾薩巴比化學有限公司，想了解莫迪對實業界的影響。該公司主任維諾德．奈爾先生說：「我們跟莫迪在一起也十年了，他確實振興了經濟，我們很希望他成為印度總理，古吉拉特人以他為豪，他為古吉拉特已經做了很多，希望他當選後，能為這裡的人們和實業界做更多事情。」在當地人眼中，古吉拉特有更多商業機會，跟印度其他邦不一樣，外界更喜歡跟古吉拉特邦的公司做生意，因為這是「莫迪的古吉拉特」。他介紹說，這裡的工廠擁有充足的電力、天然氣和水，不會出現在印度其他城市司空見慣的停電、停水影響生產的狀況，而且，該邦政府把繁文縟節維持在最低限度，甚至**沒有向工廠主人索討賄賂**，對生產的干涉也不太多。

個人魅力驅動的選舉

印度的人民院選舉期間，各黨派的候選人非常專注於向本國人民拉票，兜售自己的對內施政綱領，競選的態勢異常激烈，莫迪當然也不例外。

四月二十八日下午三點左右，我們來到該邦阿南德地區，印人黨的競選集會在此舉行。近一萬名民眾被車輛運輸而來，聚集在一個巨大的如足球場般的場地，人們帶著莫迪的頭像照片和塑膠面具，揮舞著印度人民黨的蓮花標誌黨旗，繫著寫有該黨標語的橘色領帶，一些人戴著印有「選莫迪做總理」英文字樣的橘色帽子。對於普通民眾來說，選舉活動就像是一場狂歡嘉年華。人們喜歡被我拍照和採訪，總會很激動的高喊口號，和舉起「V」字手勢。

當莫迪上臺，印人黨黨員為他送上各種花環和帽子。相比其他熱門總理候選人——國大黨副主席拉胡爾．甘地和平民黨主席阿爾維德．凱傑利瓦爾的演講，莫迪的演講更加強勢，聲音洪亮、手勢不斷，他用古吉拉特語演講，語氣和用詞都非常有感染力，並能煽動現場民眾的情緒。在整個簡短的演講中，民眾陣陣齊聲高呼：「莫迪！莫迪！」現場民眾的熱情，就跟攝氏四十五度的高溫一樣高漲。

莫迪在演講中說道：「我是屬於古吉拉特邦人們、屬於你們的，而拉胡爾．甘地不屬於你們。你們不是在選首席部長，而是在選印度的總理，如果印人黨獲勝，將成立一個印度歷史上少有的強勢、穩定政府。」他還善用推特、臉書等社交網路，嘲笑拉胡爾．甘地在演講中，犯的一處邏輯錯誤——拉胡爾說古吉拉特邦，每一個孩子中有兩個營養不良。

確實，莫迪具備政客優秀的公眾演講能力。他會根據自己所在的不同地點，而做有針對性的演講。例如：四月二十七日，他在西孟加拉邦談及當地的孟加拉移民問題；在古吉拉特邦的演講，就像是在家中，說些很鼓舞士氣的家常話，並不談實際的施政綱領和事實等。他富於感染力的聲音和動作，讓現場喝彩聲和鼓掌聲不斷。相對於在路演和對民眾演講時的極具煽動性，莫迪在接受採訪時表現得十分理性平靜。

從我對現場民眾的隨機採訪中，可以感受到當地民眾在情感上，深深相信和支持著莫迪。一名在現場執勤的員警說：「莫迪是一個好人。」但當被問到「莫迪到底好在哪裡」時，他說：「即使他所做的事，對我個人沒有好處，也是對印度有好處的。」

我發現，大多數民眾**僅是因為單純的喜歡莫迪，而決定支持印人黨**，其中一名群眾說：「雖然阿南德地區的印人黨議員喬希，此前毫無作為、並不受歡迎，但是這一次為了讓莫迪當總理，也會繼續投票支持印人黨。」顯然，莫迪的魅力已經超越了該黨。而且，莫迪是自拉吉夫・甘地、帕瓦傑伊之後，印度出現的具有個人魅力的強勢領導。這是曆史學家拉姆昌德拉・古哈，所指出的「二〇一四年是自英迪拉・甘地之後，首次出現以個人為驅動力的選舉」之景象。

終結尼赫魯家天下局面

四月三十日是古吉拉特邦的大選投票日。當天上午，莫迪現身在古吉拉特邦首府，艾哈默德巴德的尼山高中投票站。我再次見證了他在古吉拉特邦，備受民眾擁戴的場面。

在等待莫迪到來期間，人們舉著「V」字手勢、高呼「莫迪！莫迪！」、「莫迪政府！莫迪政府！」每個人都盡可能找一個最好的位置，來觀望莫迪本人。記者的鏡頭已經擺好「長槍短炮」之姿蓄勢以待，據我估計，當天有數千人前來觀看莫迪投票。

在阿南德集會上的莫迪支持者們。

上午九時，莫迪坐車前來，人群蜂擁而上，車輛在人海中緩緩蠕動。莫迪下車步行，跟四面八方、樓上樓下的群眾揮手打招呼，投完票後莫迪在支持者的擁護下，展示做過標記的手指。隨後他還在學校旁的空地上舉行記者發布會，人流立刻把這塊矩形空地圍得水泄不通。當天室外溫度達到了攝氏四十三度。他在發布會上一邊擦汗、一邊說：「尼赫魯．甘地家族政府已經消亡了，一個人民的政府即將誕生。」他還感謝所有支持、愛戴他和印度人民黨的民眾。活動結束後，莫迪站在汽車副駕駛座旁，打開車門，跟民眾揮手告別，人群才漸漸散去。

我在現場隨機問了幾個身邊的印度人：「你為何喜歡莫迪？」學生米什拉說：「因為莫迪把艾哈默德巴德建設得很好。」工程師庫瑪說：「艾哈邁達巴德是印度最好的城市，德里在過去十年裡都沒有發展。莫迪當選總理後，會把整個印度建設得更好。」也有人說：「印度需要改變。」

然而，對莫迪的高呼聲，**該邦的穆斯林反倒不開心**。我們在穆斯林餐館和清真寺採訪當地的穆斯林時，他們都表現得因害怕而迴避我們的採訪與鏡頭，在我們鍥而不捨的追問下，才流露出對莫迪的失望與不滿。

不管怎樣，莫迪於二〇一四年五月二十六日，成功宣誓就職為印度新總理。印度人民黨也在此次大選中，贏得罕見的多數席位，能夠獨立組閣新一屆政府。

12・南印喀拉拉邦的慘烈「歐南節」

歐南節（Onam），是印度南部最富色彩的節慶活動之一。從每年九月十六日開始，持續十天在印度南部喀拉拉邦進行，是南部最大、最壯觀的豐收節。而我恰好趕在歐南節結束的最後一天，也是最隆重的一天來到喀拉拉邦首府──特里凡德瑯。

迎國王、大遊行

傳說，歐南節是歡慶喀拉拉神話中的統治者，瑪哈巴立國王（King Mahabali）的黃金年齡。在這一天，人們熱烈歡慶，將花束放在門前，為迎接瑪哈巴立國王的靈魂，並保證他的人民幸福快樂。

在特里凡德瑯，人們舉行長達一個星期的列隊遊行、盛宴、船賽、歌唱，以及舞蹈等豐富多彩的歡慶活動，其中的卡塔卡利傳統舞蹈、老虎舞等豐富的民俗文化表演，更是吸引了無數人。在特里凡德瑯的一段主要街道上，百姓們已經提早好幾個小時，攜家帶眷前來等待歐南節花車遊行的隊伍。不一會兒，以小學生的花式溜冰開場，接著，耍刀劍、走高蹺、穿戴傳統面具與服飾跳傳統舞的藝人紛紛走來，鑼鼓聲、樂曲聲和叫喊

歐南節花車遊行和傳統歌舞表演。

聲淹沒了城市的喧囂，那些五彩斑斕的色彩，令我目不暇給……。

或許是因為我是一個手持相機的外來者，他們都湊到我的鏡頭前，特地向我展示自己。

此時的天氣實在太熱了，對於那些穿著厚重舞臺服裝、化著濃妝還要拿著各種沉重道具的藝人來說，真是太辛苦了。有些花車上的演員，必須一動不動的做端東西的姿勢，而表演老虎舞的藝人，全身都套在老虎套裝裡。我看他們汗流浹背，妝早已花了。看到這一幕，不知怎的，我的歡樂情緒就灰飛煙滅了。一些人的歡樂，總是建立在另一些人的痛苦之上。

在歐南節的遊行隊伍裡，我還看到了印度特色的藝人，行進中的人們用能彎曲的長刀或鐵鍊，重重打在自己的身上，背上、胸前劃出一道道傷痕，有些甚至滲出血來。似乎越是傷得血肉模糊，鮮血流得越多，越能獲得更多的喝彩和欽佩。在印度，我不只一次看到各種殘忍的儀式。奈波爾曾說，**印度人總是把枯燥單調的修行，轉變成一場壯觀而慘烈的表演**。

這讓我想到，在印度，不光是關乎宗教修行，就是尋常的娛樂表演都會展示殘忍的一面。例如在西部拉賈斯坦邦的一種傳統舞蹈，就是讓婦女頭上頂著四、五個罎子，踩在玻璃碎片上，若不是婦女腳底有厚繭保護著，那將是多麼血淋淋的一幕。而在阿薩姆邦的卡利女神寺裡會屠殺活牛，將鮮血直流的牛頭，敬奉給女神的那一幕讓人感情複雜，我不由得同情起，在寺裡飼養的牛、羊等動物，此刻如此悠閒，是否明天也將命喪黃泉？

崇拜蛇、賽蛇舟

印度人的喜愛點總是跟中國人不一樣，像我最討厭的動物就是蛇了，可是在虔誠的印度教徒眼中，蛇並非毒物，而是帶有人性的神。只要無傷蛇之心，蛇就沒有害人之意。外表威猛的**眼鏡蛇更是財神的化身**，只要你善待牠，並供牠食物，命中一定會走好運。在印度許多農村都有香火繚繞的蛇廟，有些尚未生育的善男信女，為求得一男半女，對廟裡供奉的蛇神更是頂禮膜拜。

愛蛇的喀拉拉邦人們，也在歐南節的慶祝活動中，安排了一項與蛇有關的吉慶活動——蛇船競賽，猶如中國端午節的龍舟競賽。

在蛇舟競賽的地點，岸邊椰樹蔥鬱高大，銅鑼、鼓聲、號角聲此起彼落，一艘艘蛇形船互相角逐。一般來說，賽船的船頭是一個生動的蛇頭，吐著紅色的長舌，六十公尺長，高於水面十四公尺的蛇頭吐舌翹起。蛇船競賽在當地被看作是每個村莊的大事，因此都選拔強手參賽。參賽選手身穿白色衣褲纏白頭巾、手持短划槳，每艘船上還點綴著或紅或黃的傘。競賽時，選手整齊的分坐於船的兩邊，按照船上指揮者短促高昂、節奏鮮明的號角聲奮力划槳。剎那時，上百艘蛇船競逐，水花四濺，號角聲、吶喊聲響成一片。比賽勝利者，全村人都要為他們慶功。

13・北印的建築之美——遁世古鎮奧恰

奧恰附近的旅遊重鎮克久拉霍，對於愛好戶外的旅遊者來說，並不陌生，但在離它一百八十公里的小鎮奧恰（Orchha）卻並不有名，遊客也沒有那麼多。該地的第一任國王，是西元十五世紀的魯德拉・普拉塔普・辛格，後被蒙兀兒王朝統治。奧恰的古堡宮殿中最有價值的，是拉賈宮殿和賈汗季宮殿，後者被稱為「蒙兀兒王朝建築風格的單一樣本」。

一個王朝的鼎盛和威嚴

奧恰，意為「密地」，梵語本意是「隱藏」的意思。正如其名，這座隱蔽的小鎮，頗有遠離喧囂的世外桃源的意境。據說，奧恰的名稱源自蒙兀兒王朝的國王沙賈・汗路經此地，看到貝德瓦河畔美景，發出的感嘆「奧恰」而得名。而**奧恰古堡代表的蒙兀兒時期的建築藝**

我住在賈汗季宮殿，部分作為古堡酒店。

術，遠遠領先於當時印度其他城市。

據稱，蒙兀兒王朝第四任皇帝賈汗季的母親，是當地的拉其普特人——北印專操軍職的人群，奧恰因而會有一座以賈汗季命名的宮殿。拉其普特人總是堅持血統純潔，英勇反抗阿拉伯人與德里的蘇丹。自由運動時期，一位印度歷史學家斬釘截鐵的認為，他們是起源於吠陀時代的雅利安人。傳說，在西元七四七年，所有拉其普特人都在阿布山上的一次盛大火祭儀式中，獲得淨化，並被承認具有剎帝利身分（屬於印度的第二層級的種姓）。拉其普特文化，至今還是拉賈斯坦邦的標準。在克久拉霍的昌德拉人和中央邦的卡拉楚里人，也自稱是拉其普特人的後裔。

在西元十世紀早期，瞿折羅—波羅提柯羅王朝勢力逐漸衰敗，很多拉其普特王公宣布獨立，並建立自己的王國。在蒙兀兒帝國時代，由於許多拉其普特家族，在帝國體系中升任要職，拉其普特人變得更加重要。事實上，**由於聯姻，後期的蒙兀兒人本身已經被拉其普特的文化影響**。

我們住在由賈汗季宮殿一處改造的絜詩瑪哈（Sheesh Mahal）古堡酒店。在套房裡，門簾是雍容的粉色天鵝絨復古樣式，床單也是粉紅色的。牆壁和屋頂是白色的，四面牆上和十個壁櫃裡，畫著印度細密畫樣式的男女人物和圖案。古舊的木質家具、地毯、落地燭臺，是復古的裝飾設計，儘管安裝著地板磚和熱水器的洗手間，露出現代的痕跡。

有人說，如果爬上國王的駱駝棚，你能鳥瞰奧恰全城景色。更讓遊客印象深刻的是，在古堡群落後面的廢墟——居住著軍官、部長等，這些都被破壞了，夜晚在這些灰鎧鎧的廢墟裡行走，會讓人毛骨悚然，雞皮疙瘩掉一地。可惜，我們沒有運氣看到這些，倒是看到了拉賈宮殿後的一個拴大象的荒廢的院子，一棵棵樹木錯落分布在其中，你能想像一隻隻大象被拴在上面，發出震耳叫聲的樣子嗎？這一幕多麼生動的昭示著，一個王朝的鼎盛和威嚴。

偏僻寧靜的「世外桃源」

在古城裡閒逛時，遇到一個辭職後，來這裡雲遊半月之久的中國背包客。在他的指引下，我們從後門進入拉賈宮殿。這座兩層宮殿已經非常老舊，黃棕色的沙土牆壁被歲月侵蝕成灰黑色。古堡內部的矩形庭院裡幾個遊客稀稀落落，中央有一個被四個石凳包圍著、乾枯的兩層正方形水池，水池四角點綴著四個八角形深坑。坐在庭院一角的石凳上，可以享受著難得的安寧，與斑駁古老的歷史靜處一會兒。古堡一面有一個黃色的樓梯，將人從庭院引到古堡二樓，當一名名穿著花花綠綠紗麗的印度女子拾階上下時，我想起了拉斐爾前派，那一幅著名的畫作《金色的階梯》。宮殿建築在細節用色上，只用了少量的藍色、暗紅色，牆面、建築上雕刻的動物也多為大象、孔雀等印度常見動物。

古堡的牆壁上，還有不少源自蒙兀兒王朝和邦德拉王朝的精美壁畫。站在這座拉賈宮殿樓上，能眺望到旁邊的賈汗季宮殿和遠處的羅摩神寺。

羅摩神寺可真是吸引人。我們走出古堡，過舊石橋，就步行到不遠處的羅摩神寺。一個住在寺廟裡搭建的棚子的聾啞小夥子，擔任導遊帶著我們走進幽暗、曲折、狹窄的樓梯，最終黑暗盡頭迎來光明而開闊的視野。在寺頂上，可以鳥瞰全城——奧恰果然是一個古鎮啊，**古舊和嶄新的宮殿寺廟雲集，分布在該鎮的不同方向。老鷹、鸚鵡**等鳥兒也知道這個地方風水好，**在這裡築巢棲息**，當然也帶來層層鳥糞。

當我們走在古鎮裡，我發現方圓好幾公里都沒有新的建築，掩映在樹叢中的是舊的橋、舊的城門，人們在一處歷史遺蹟旁勞作，**現代化的腳步彷彿沒有來過這裡**。

我們在古鎮遇到的那位中國背包客來自江蘇，估計是個資深的「驢友」（旅行愛好者），才能找到這麼偏僻寧靜的世外桃源。恰好有人說，奧恰**非常適合那些希望逃離凡世的隱士**，或是希望尋求內心平靜而短暫停留的背包客。

遺憾的是，因為在奧恰只有半天的時間遊覽，我們錯過建於西元九世紀的恰圖爾伯胡吉神廟（Chaturbhuj Temple）。這個寺建在貝德瓦河旁邊，古舊的七、八座寺廟林立在岸邊，倒影映在河水裡格外美麗。而另外一個重要的是拉克希米神廟（Lakshmi Temple），我們也沒時間去。這座寺的建築結構很像西方的教堂，建築中央的矩形空間非常寬闊。

如果想遁世一陣子，就來奧恰——圖為羅摩神廟。

遠處的灰色建築，就是恰圖爾伯胡吉神廟。

拉賈宮殿外面一角的屋頂。

拉賈宮殿內部的矩形庭院，遊客很少。

14・來去古堡酒店住幾晚

在我即將結束工作、離開印度的最後一個月，我去了一趟位於印度拉賈斯坦邦的尼姆拉娜（Neemrana）古堡酒店，它著實讓人印象深刻。

這座依山而建的古堡酒店，共有六十五個房間，**是一個頗為成功的將古堡改造成現代酒店的案例**。這座古堡有八種套房，第一種套房的房間，最早修建於西元十六世紀，例如日之宮（Surya Mahal）；最晚的則是修建於二十一世紀。

以我的預算，我住進最便宜的牧羊女之宮（Gopi Mahal），它修建於十八世紀。房間的名字是「牧羊女的宮殿」，傳說是以給克利須那神跳宇宙舞的牧羊女命名，房間裡確實有一張描繪此故事的畫作。這間房是此酒店裡最便宜的，一晚只要四千盧比（約新臺幣兩千四百元）。房間面朝著山，靠近「女王廣場」，雖然屋裡空間狹小，但是裝飾卻非常具有印度式的古色古香。例如：窗簾和門簾都是紅底淡黃色小碎花的布料，白色牆面上有五個弧形的嵌入式櫃檯，牆上掛了一些講述印度神話故事的畫作。木質的古舊家具、印度風情的裝飾結合現代的白色浴具，讓傳統與現代融合。

這個古堡集婚宴、蜜月住宿等多種功能，擁有兩個游泳池、SPA以及花園等。入住酒店就可以享受藉空中纜繩穿梭於山中、爬城堡、散步、打乒乓球等多種娛樂。在這裡，確實能碰到一對對年輕的印度情侶，在泳池裡嬉戲歡鬧。

夜晚，吹著微涼的輕風，聽著印度樂曲，在月光下眺望古堡和山莊，遠處傳來藍色游泳池裡人們嬉戲的歡笑聲，再吃著燭光晚餐，真是一段美妙的時光。

印度是一個古堡、遺蹟隨處可見的國家，在一些城市，古堡自很久遠年代就存在著，變成當地人日常生活的一部分，當地人都不想特別弄清它們的名字，或者修建年代。一些大型古堡被建成配有餐飲功能的博物館，遊客買票就可參觀。另一些古堡一部分被改造成現代的奢華酒店，一部分由當地王公家族居住，例如焦特布爾王公居住的烏美巴萬王宮（Umaid Bhawan Palace）。在印度，這樣的古堡酒店不勝枚舉。

在拉賈斯坦邦的各個紅、藍、白、金色之城裡，古堡多成為旅遊景點，然而，城市裡的旅館也都仿造王公宮殿的造型，不過廁所都被改造成附馬桶、洗手臺、蓮蓬頭的西方樣式，類似中國那些室內裝修現代化的舊時王公府邸。

尼姆拉娜古堡。

15‧元旦清晨，沒有人的老德里

二〇一四年元旦，我和朋友起了個大早——凌晨五點半起床，六點半到達目的地。起這麼早，不為出差趕路，也不為看日出，而是為了感受朋友口中，清晨白霧籠罩下，凜冽猶如仙境的老德里。

這個冬天是德里數十年來，最寒冷的一個**冬天**，**連續數日白天的平均氣溫低至攝氏二點五度**，晚上則更加寒冷。大清早的老德里城區，人比較少，他們三三兩兩的圍成圈、一起升火，升火的主要材料是木頭和垃圾。大街上垃圾滿地，空空的三輪車都停在路邊。跟白天人群摩肩擦掌、熙熙攘攘、車水馬龍的市井景象相比，這裡呈現出完全不同的面貌：安靜、祥和、白霧縹緲。

我們從紅堡對面的天衣派耆那教寺廟（Sri Digambar Jain Lal Mandir），開始了老德里的探索之旅。在較低的能見度之下，我們瞥見街上三五成群升火的人們，還有一些身披髒舊布匹或披肩的人蹲在牆角，好像是無家可歸的人，又好像是等待著被招工的外來流動工人。**一些人力三輪車司機，就住在街邊垃圾堆旁搭建的簡易棚子裡**，我往裡頭看了看，大通鋪上整整齊齊的躺著裹著毯子的人們，寒冷讓他們一動不動的埋頭酣睡，竟有幾分像一具具屍體。不僅這裡，在路邊、牆角下躺著無數個從頭到腳，包裹得緊密睡大覺的人，等到天一亮，街道一嘈雜起來，他們想不被吵醒都難——市井的喧嘩成了他們的起床鬧鈴。

清晨的老德里雖然人少車稀，但是髒亂程度一點不亞於白天，隨地小便的人也有，路上常碰到糞便，排泄物的臭味混合著焚燒垃圾的毒氣，和各種莫名的臭味撲鼻而來。地上都是昨夜留下來的塑膠盒垃圾，一、兩個老人拿著掃帚或是布條在清掃街道。

慢慢的，天亮了，路上出現頭頂著棉花運送的人、送牛奶的人和賣彩色氣球的小販，人力三輪車夫開始招攬生意，早餐攤與菜市場也開張了。這裡販賣的東西都比新德里便宜，所以我們在穆斯林區域買了牛肉和便宜的桂皮和八角，還遇到一個莫名其妙摸我頭頂、喃喃自語的瘋子，因為害怕我們就落荒而逃了。

雖然不能用「路有凍死骨」來形容這些夜宿街頭的人，但是在這樣一個髒亂、寒冷的生存環境裡，還是讓人感嘆「生之淒涼，命之卑賤」。他們似乎並不拒絕拍照，甚至還有不少當地人，熱情的向我們打招呼。

如今，我已經對印度的貧窮與落後感到司空見慣，甚至習慣髒亂的環境和比北京低廉許多的物價。這使得我拜訪香港那樣的繁華都市時，對繁華富裕和高大建築感到格格不入。

一番感嘆之後，我們來到「月光市集」，發現它比我原以為的小很多，幾十個簡易攤鋪，賣著一些廉價的小商品，其中不少是中國製造。有部寶萊塢電影叫《從月光市集到中國》，故事的男主角就是在月光市集長大的小人物，他最終成為大英雄。每每提到這裡，我都會想起這個電影，但實際上該片對中國純屬想像，雖說是在澳門或是香港取景，但片中的印度處於二十一世紀，而同時期的中國還處於民國時期，女人都穿旗袍，花枝招展，男人都戴著黑色禮帽，像「黑社會」的人，房子裡到處是高高懸掛的大紅燈籠，是典型的外國人對中國的想像。

月光市集接連著有名旅遊景點賈瑪清真寺，它由蒙兀兒王朝的統治者沙賈．汗，於一六五六年修建。它具有典型的伊斯蘭教建築風格——禮拜殿必須面東，使朝拜者可以朝向聖地麥加的方向做禮拜；禮拜殿內不設偶像，僅以殿後的聖龕為禮拜的對象；外牆上的裝飾花紋，不准用動物花紋，只能是植物、花卉與文字的裝飾花紋等。我個人認為，伊斯蘭的建築明顯比印度教的建築，更具有藝術美感。這裡餵養上千隻鴿子，圍繞著清真寺廣場的上空盤旋飛翔，氣勢驚人。

這時，賈瑪清真寺裡來了一個，統一穿著花布袍子的外國女遊客團，一位導遊為她們講解清真寺的歷史，我走近一聽，原來導遊說：「大家待在清真寺裡，不要到周邊去，因為不安全。」確實，老德里這一塊，就像是中國哲學中矛盾共生的「道」——既有髒亂的貧民窟，代表著貧賤世俗生活，也有安靜恢宏的賈瑪清真寺，所代表的純粹精神信仰，這兩種極端就這樣和諧的融合在一起，共生共長，就像整個印度一樣，極端的貧窮與富裕共存著，天堂與地獄並存著，世俗與宗教並行著……。

當然，在這一番感官精神之旅後，饑腸轆轆的身體告訴我們，還俗的時候到了，該吃飯啦！逛老德里，吃午飯有一個值得推薦的地方——卡琳（Kalim）餐館，這也是《孤獨星球》旅行書推薦的餐館。該店簡樸乾淨，印式炕餅配羊肉湯，烤雞肉和羊肉都非常美味。

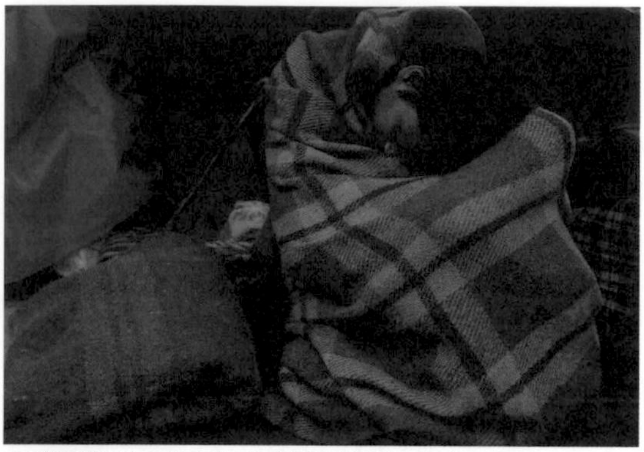
裹著毯子、睡在老德里街邊的人。

新年第一天的賈瑪清真寺，迎來一群統一穿著碎花袍子的外國女遊客團。

沒有人的老德里──清晨白霧籠罩下，凜冽猶如仙境。

你問印度人哪裡最好買東西？月光市集。

16．德里像一個野生動物園

德里的城市綠化得非常好，這裡曾在二十世紀擁有「花園城市」的美譽，雖然昔日的輝煌早已褪去，但這「綠色德里」之名並非虛有。

在德里很容易看到野生動物，連印度國寶孔雀都非常容易看到。在這裡，我第一次看到活生生的漂亮孔雀，是在總理府外賓會客室外的草坪上，那隻漂亮而尊貴的孔雀，拖著牠色彩斑爛的尾巴，悠閒的踱著步伐，忽然跳到樹梢不見蹤影。後來，我又在當地的酒店花園裡，遇到很多散養的孔雀自由慵懶的散步，我還曾親眼看見一隻孤傲的孔雀出現在牆頭，展開雙翅飛翔約一百五十公尺，到達另一個牆頭，這時我才意識到，原來孔雀是會飛的鳥類，而不是像雞、鴨那樣飛不遠的家禽。就在我住過的民宿家陽臺上，四、五隻孔雀正悠閒的在花壇邊踱步，**對於生活在都市叢林裡，想看孔雀必須去動物園的人來說，不經意間抬眼望到窗外這一群美麗的孔雀，確實吃驚不小。**

德里的街道可真是個動物園。在中國，副駕駛座上的人，估計會提醒司機注意前方的車輛，而在印度，司機總被提醒注意前方的牛、馬、還有大象。因為牛在印度教徒眼中是神物，因而牠們能自由自在的出現在任何牠們喜歡的地方，有些牛還擁有一些特殊

市區的猴子不怕人。

德里市區的原始森林。

癖好。例如總愛壓著馬路中間的白線走貓步。如果你在大街上看到汽車跟牛車、馬車、載人的大象一起前行，真的沒有什麼好大驚小怪的。

德里的綠樹多、森林多，市中心保留著面積巨大的原始森林區域，市區也點綴著諸多像羅迪公園、尼赫魯公園、綠色公園等面積不小的街心花園。根據印度的相關環保法律規定，不能在市中心的這片原始森林裡搭建建築，而且每砍伐一棵樹，要新栽種五棵樹苗。如果在樹木稍微茂密的地方居住，就會有猴子出沒，更別提在山區遍地的猴子，其中一、兩隻頑皮的還會半夜來敲窗戶，或是趁你不注意時，搶奪手中的食物和飲料。小松鼠更是非常常見，在路上、在社區公園裡，牠們根本不怕人，在你眼前跳來跳去，偶爾還會凝視著你，視人類為闖入自己家的外來客。

將展翅飛翔的孔雀。

駱駝行走在大街上。

17・座標在孟買的「印度版韓寒」

印度暢銷書作家奇坦・巴哈特，對中國讀者來說並不是一個熟悉的名字，但提到根據他的小說處女作，所改編而成的寶萊塢電影《三個傻瓜》，很多中國年輕人都很熟悉和喜愛。

對印度年輕人來說，奇坦・巴哈特可謂是家喻戶曉。在印度的中國人稱他為「印度版韓寒」。四十幾歲的他（生於一九七四年）已出版六本小說和一本雜文集，二〇一四年的最新作品是小說《半個女朋友》，在印度名氣頗高，他是印度擁有讀者最多的英語作家。據印度媒體統計，他的小說《兩個邦》每二十秒賣出一本，而《我人生中的三個錯誤》則**每十七秒就賣出一本**。他在二〇一〇年被《時代》（*Time*）雜誌，評為「世界上最有影響力的一百人之一」。

幾乎所有奇坦的小說，都被改編成電影。我採訪他時，他正在將根據和妻子的戀愛經歷創作的小說《兩個邦》改編成電影。記得二〇一四年《兩個邦》上映時，在我住處附近的電影院的那個廣場上，售票窗口前排著曲曲折折的長隊，以至於這塊區域被堵得水泄不通，我還以為發生了什麼大事情呢，一打聽，原來是興奮的奇坦粉絲，正在購票、準備觀看這部他們期待已久的新片。

「娛樂」不比「文藝」檔次低

我採訪奇坦的時候，是二〇一二年十一月，那時的孟買天氣仍舊炎熱，宛若盛夏。跟他的助理約好，到他位於孟買市郊的工作室進行採訪，這片「富人區」居住著不少寶萊塢的電影人，這裡的房子都十分漂亮，家家庭院被絢爛的三角梅點綴著。

當我滿懷期待的見到他時，或許是因為工作太多，經常熬夜，他的鬍鬚根花白，看起來比實際年齡老。他的大牌表現（**膚淺的回答和急匆匆的結束採訪**）與**跟寶萊塢合作而沾染的浮躁氣質**，讓遠道而來的我有些失望，難怪印度純文學作家貶他為「非常糟糕的作家」。但冷靜的想一想，他還真跟韓寒有諸多點相似。例如：他用文字痛訴印度的不公正、腐敗、貧窮、落後；敢於冒險，放棄多金的投行工作，而專職從事寫作；同樣被稱為「青年偶像」、印度年輕人的代言人，他定期為印度主流報紙（英語和印地語）寫專欄普及常識，並四處向年輕人演講，他說：「我以我接觸到、影響到和觸摸到的印度人數量，來衡量我的成功。」他自謙遠沒有「青年偶像」那麼完美，但也盡最大的努力，利用自己現有的地位和名氣，來改變印度。

韓寒有商業團隊幫忙行銷，奇坦也不例外。他成立了一個自己的工作室，其創新的圖書行銷策略，被印度媒體稱讚為「創造印度出版業的諸多奇蹟」，他的書籍每本定價少於一百盧比（約新臺幣四十五元），他成功的在小城鎮和網路上分銷書籍。另外，為了迎合年輕人愛耍酷的特點，他在自己的網站上，售賣印有自己書中名言的個性T恤。

外包服務業職員、**小企業主**、**經理**、**銷售人員**、**祕書等印度中產階級**，**是其小說的擁護者**，而其文學趣味介於那些受過高等教育的菁英，和大街、超市印度英語文學之間。他的文字相當簡單樸實，敘述手法也並不複雜。為創造真實感，作家自己常身在故事中，所以書寫的故事，也彷彿是讀者自身的故事。

印度文學界認為，奇坦的成功只能說明，他趕上了印度第一代想透過閱讀英語小說，來提高英語能力、跟歐美文化親近、與消遣娛樂的年輕人的好時機。奇坦說：「稱讚我的小說能夠娛樂人，是對我的恭維，我並不認為『娛樂』就比『文藝』檔次低。」

奇坦畢業於印度理工學院德里分校（IIT），這是印度入學考試最難的一所大學。他一直成績優秀，畢業後順利進入投行工作。二〇〇八年四月，**曾在香港投行工作達十餘年**，之後辭職搬回印度孟買，將事業重心放在生養自己的故土上。在投行部門工作過的經驗，讓他對印度的經濟、社會問題，做出深刻的分析，他就曾成功預言印度的翠鳥航空，會走向衰敗。這樣的洞察力也展現在他的小說中。對他來說，一名作家必須有洞察力，能對生活中正在發生的事情給予分析、提供觀點。此外還必須做到：娛樂讀者。這或許是他所代表的印度年輕作家，不同於拉斯金・邦德代表的老一輩作家的文學觀。

《三個傻瓜》主角真實存在

我問了很多問題，包括瓦拉納西之於印度的意義、民族性、腐敗問題、教育體制改革，以及他是如何看待自己，如中國作家韓寒一樣享有「青年偶像」的讚譽等。

談到他的小說《三個傻瓜》、《呼叫中心的一夜》、《兩個邦》和《我人生中的三個錯誤》都被改編成電影，我便問他：「您的小說為何這麼受寶萊塢的青睞？」他回答得倒是頗為坦誠：「我的小說已經很暢銷，如果寶萊塢將我的小說編成電影，觀眾群已經有一定的基礎，票房大賣的機率更大，《三個傻瓜》就是最好的例證。」他認為，電影的受眾比小說的受眾更廣泛，所以他現在住在電影人雲集的地方，方便他一邊寫小說、一邊弄電影。

根據他的小說改編的寶萊塢電影《三個傻瓜》，不僅在印度創造票房紀錄，在中國的網路和戲院都有諸多擁護者。該片既撻伐現代教育體系的弊端，也反映傳統文明仍然對年輕人產生影響，他們在挑戰的同時也有傳承。

奇坦自己也明白，為何這部電影能在亞洲國家受到如此廣泛的共鳴，因為亞洲各國家在教育體制方面，有很多共同點，例如學生的壓力都很大，都追求高分，而不重視培養創造性和創新能力。我們都需要努力改革教育體制。他根據自身的真實經歷，去寫這部小說，故事中的主角身上就有他和他朋友的影子，故事也發生在他曾就讀的德里分校。奇坦說：「奇葩大學誕生了奇葩人物，很多人不相信今天還有這樣的學生，但我不得不說：還有。就像我也是一個奇葩，我遵循自己的風格，從投行辭職做專職作家。可能因為這樣的人太稀少，令人不相信是真的，或許電影會誇大和顯得時髦一些，但主角確實存在。」

寫作有助於改變印度

奇坦曾說過，在印度要想做成一件事情，必須有權力，而腐敗無處不在。不僅普通民眾深受腐敗的戕害，如今連已經出名的他也不例外。

在他看來，一個普通的印度人，在現實生活中是很艱辛的，但一旦他認識那些有權勢的人，就很容易辦成事情，無論是跟政府打交道或是找工作都游刃有餘。當眾多有權勢的人，掌握過於氾濫的權力時，社會就變得不公平了，這些人甚至因為擁有政治權力，做了壞事也能免於司法懲罰，印度年輕人對此非常不滿，因而**他意識到印度需要革命**。他指出：「我自己也有親身感悟，相比以前名不見經傳，如今出名了，辦起事情來也更加順利了。即便如此，我也無時無刻都能感受到印度的腐敗。就像今天，我想買棟房子，需要到印度的資產部登記，為了能得到官員的簽名——同意我買房，我也不得不請仲介送些錢進去。」

在他的小說《二〇二〇年革命》中，他所塑造的主角高帕，代表的是現代印度的現實，代表著那些體制迫使他們變得腐敗的真實印度人，但在故事結尾，他改變了一些，他把自己心愛的女孩，讓給了誠實男孩拉格夫，他的改變代表著希望。奇坦說，他相信體制內的人，透過良心發現來改變，能推進印度的變革，但他也認為這需要時間。

「光靠寫作無法改變印度，但寫作有助於改變印度，我深信於此，因為很多讀了我小說的人都深受影響，這將有助於改變印度。」他說。

我不可能獲得諾貝爾文學獎

奇坦除了寫作，還定期向年輕人演講，在印度年輕人中，他的思想和言論具有相當大的影響力。他說：「我確實想開示這些年輕人，讓他們了解印度正在發生著什麼，我們需要改變很多事情，需要發展經濟。」很多年輕人也把他看作「青年偶像」，他說的話他們也都願意聽。而當我問他，如何看待自己如中國作家韓寒一樣，享有「青年偶像」的讚譽時，他說：「稱讚我為印度版的韓寒，是對我莫大的恭維，我知道韓寒，他很不錯，能做一些在中國很難做的事情，而且能**表達意見卻不給自己惹來麻煩**。如果他的書有英譯本，我會找來看。」

奇坦對於自己的小說的文學定位相當清晰。他坦言：「我自知我的小說，還沒好到能獲得諾貝爾文學獎的程度，我寫的是流行文學，是能改編成電影的暢銷書，我不可能獲得諾貝爾文學獎，但我的小說已經有很多人閱讀了。」聽聞中國作家莫言在二〇一二年，獲得諾貝爾文學獎時，奇坦表示印度人也很想得諾貝爾獎，但印度社會並沒鼓勵人們發揮出自己的才能。

18・山城慢訪老作家

我喜歡山，雖然新德里連一座山的影子都沒有，但我愛去印度北部的喜馬拉雅山區。這次我去的是，北部北阿坎德邦（Uttarakhand）首府德拉敦市（Dehradun）的密蘇里鎮（Missouri）。這個位於喜馬拉雅山區的小山鎮，與印度其他山城大吉嶺或西姆拉的構造頗為相似，該地的房屋多為依山而建。但密蘇里不像大吉嶺一樣，住著很多蒙古利亞人種，也不像西姆拉充斥著英式建築，這裡的印度教徒更多，人口相對更少。

年已八旬的印英混血作家拉斯金・邦德定居在密蘇里。他曾獲得過印度最高榮譽，而被稱為「蓮花先生」，也在二〇一二年，被新德里政府授予「終身成就獎」。二〇一二年八月下旬，我和印度同事專程登門採訪。對這次採訪我期待已久，一路上坐著從新德里到德拉敦的火車，望著窗外濃郁的綠色農田，抱著「希望採訪進展順利，並有火花迸發」的願望前行。

待火車來到德拉敦後，我們轉乘計程車依山盤旋而上。到達密蘇里，我感受到這裡的美。山巒疊翠，雲蒸霧繞，夜晚靜謐平和，偶爾還有調皮的猴子來敲窗。我們住在一個環境樸素，但窗外風景很好的小旅館，其山間的風景因為天氣多變，會呈現變幻莫測的動態美，坐在視窗就可以欣賞大自然的傑作。在這裡，你察覺不到時間的流逝，周遭的世界好像也放慢了腳步。

次日傍晚，天邊霞蔚雲蒸，空氣清朗，我們來到拉斯金位於蘭道（Landour）的小屋。他跟養子的家庭住在一起後，稱這樣的生活狀態對一個作家來說，是最好不過的了。我們見到他，一邊喝著我來印度後喝過最好喝的英式下午茶，一邊聊著天，並聊了兩個多小時。在這個三、四十平方公尺的窄小而簡樸的空間裡，被隨處可見的書籍簇擁著的拉斯金，看上去精神抖擻。他對自己書中的人物或句子信手拈來，完全看不出已是一位耄耋老人。

我非常羨慕拉斯金住在這樣風景如畫的山裡，終身未婚的他或許將寫作和自然，當成自己一輩子的愛人。他喜歡在大自然中尋找寫作靈感，他說：「當我行走在密蘇里的山林裡，我感覺我擁有整片大地——儘管我不曾真正擁有一塊墳墓大小的土地。」

密蘇里鎮的婦女坐著閒聊。

「有趣的故事不在乎真假」

我的採訪緣由是，他於二〇一二年八月出版的最新長篇小說《王后》。在這本小說中，拉斯金採用虛實結合、倒敘的手法，透過書中跟作者同名的人物，講述某個王朝美麗的寡婦王后的一生。拉斯金對比兩種人的人生，例如王后，生來富有美麗，不需要奮鬥就可以享受人生，最後在和情人的羅曼史中香消玉殞；而另一類人「拉斯金」，總是為生活奔波，甘於貧窮、樂於從大自然中，汲取寫作靈感和生活樂趣，最後只有他活得最久，見證著前者人生的花開花落。

讀著這部中篇小說，能感覺到二十歲就開始談戀愛，而至今未婚的**拉斯金，似乎對女人有些失望**，他故事裡的女主角往往美麗富有，卻是玩弄男人的「男人殺手」。

我好奇《王后》中的敘述者拉斯金．邦德，是他自己嗎？拉斯金否認了，他說：「他是一個虛構、跟我同名的人物，他的很多生活經歷跟我很像，例如居住在密蘇里山林中，喜愛散步和寫作。但是，你不能把這本書當成我的自傳或半自傳。作家總是會歪曲和虛構一些人、地方和事件，創造一些幻境和奇蹟。這本書中的故事不是真實的，但也不完全是虛構的。」後來，他引用美國作家馬克．吐溫的那句「有趣的故事不在乎真假」，確實如此。

內向少年的異國旅程

一九三四年出生於印度的拉斯金．邦德，父親是勞倫斯皇家軍事學校的老師，母親是道地的印度人。八歲時父母離婚，童年的他**孤單、內向而疏遠人群**。父親在他九歲時去世，此後書籍接替父親的角色，成了他最好的朋友。**拉斯金雖未上過大學，但他的閱讀量驚人，可謂是透過閱讀書籍完成自我教育**。他說：「閱讀是我的宗教，它幫助我探索心靈。」

當他還是一個滿臉青春痘的少年時，便深受狄更斯的《塊肉餘生記》和休．沃波爾的《堅韌》影響，下定決心要當一名作家。高中畢業後，他在英國海峽群島和倫敦住了四年。當他徘徊在倫敦街頭、為了生計而打各種零工時，仍不忘自己的文學之夢——下班後專心寫作。此時，他遇到了自己的文學伯樂，曾為奈波爾等二十世紀多名偉大作家，寫過傳記的編輯和小說家戴安娜．安迪爾。她鼓勵他寫作，並幫助他出版，根據日記創作的半自傳處女小說《閣樓房間》。當時，拉斯金才二十一歲。

早早成名的他，六十年來一直筆耕不輟，著作等身。他是一位靠自身生命經驗、持續挖掘內心而書寫的作家，曾出版過六部長篇小說、五百多篇短篇小說、無數散文和詩歌，被印度媒體譽為「印度最會講故事的作家之一」。他也是印度一流小說家，以及兒童文學作家的偶像，更是印度少有的**被一家三代都喜歡的作家**。

之所以說他是伴隨著很多印度人成長的「國民作家」，是因為他的《拉斯金．邦德兒童選集》，已經再版第三十七次。讀這些洋溢著人性本善和溫暖情意的兒童故事，你能清晰的看到他的善良與幽默，以及一個成人身體裡的未泯童心。他對我說：「你不需要去刻意維持或創造童心，因為它一直在你內心。」

拉斯金還寫了不少鬼故事，在他家狹小的閣樓牆壁上，能看到一些黑色的骷髏頭塗鴉，他還坦言，**英文版的《聊齋》給了他不少寫鬼故事的靈感**。他告訴我，自己過去讀了很多被翻譯成英文的中國詩歌，也看過很有名的中國作家林語堂的作品，「他的很多哲學觀點，來自道家的老子思想，透過翻譯和注解，他讓老子的思想更能夠被西方讀者所理解。我讀了不少中國古典文學作品，但中國現當代文學我讀得很少。」他說道。

位於密蘇里的劍橋書庫裡，拉斯金的書總是被擺在最顯眼的地方。

拉斯金展示他寫作的手稿，他至今仍對用筆紙寫作情有獨鍾。

拉斯金和讀者。

19・接觸印度藝術的先鋒力量

二〇一三年八月的一天，我和印度藝術家舒德哈巴拉特森・古普塔（Shuddhabrata Sengupta，簡稱舒德⑥）約在他喜歡的新德里防衛社區市場（Defence Colony Market）見面，裡頭有一家舒適安靜的印度餐廳。當我將目光從手機螢幕上抬起時，他以一身海藍色庫爾塔的傳統服裝，出現在我面前，面帶微笑示意要跟我握手問好。我細看他，頭髮灰白，講話時雙眼炯炯有神。

二十多年前，剛從著名的 Jamia Millia Islamia（一所國立伊斯蘭教大學）大學多媒介研究中心畢業的舒德，與兩位同學——吉比什・巴什（Jeebesh Bagchi）和莫妮卡・納如拉（Monica Narula），在德里共同創辦 Raqs 媒體小組（Raqs 是波斯語、阿拉伯語和烏爾都語中的一詞，原意是指當「反覆修行的苦行僧」進入輪迴的狀態；Raqs 還是一個用於描述舞蹈的詞）。

⑥二〇一五年，舒德**因在政治上敢做敢言，和他個人富有洞見、創造力和冒險精神**，獲得美國凱斯・哈林藝術與社會活動獎學金——鼓勵那些特別敢於冒險、富有想像力的生活和作品。

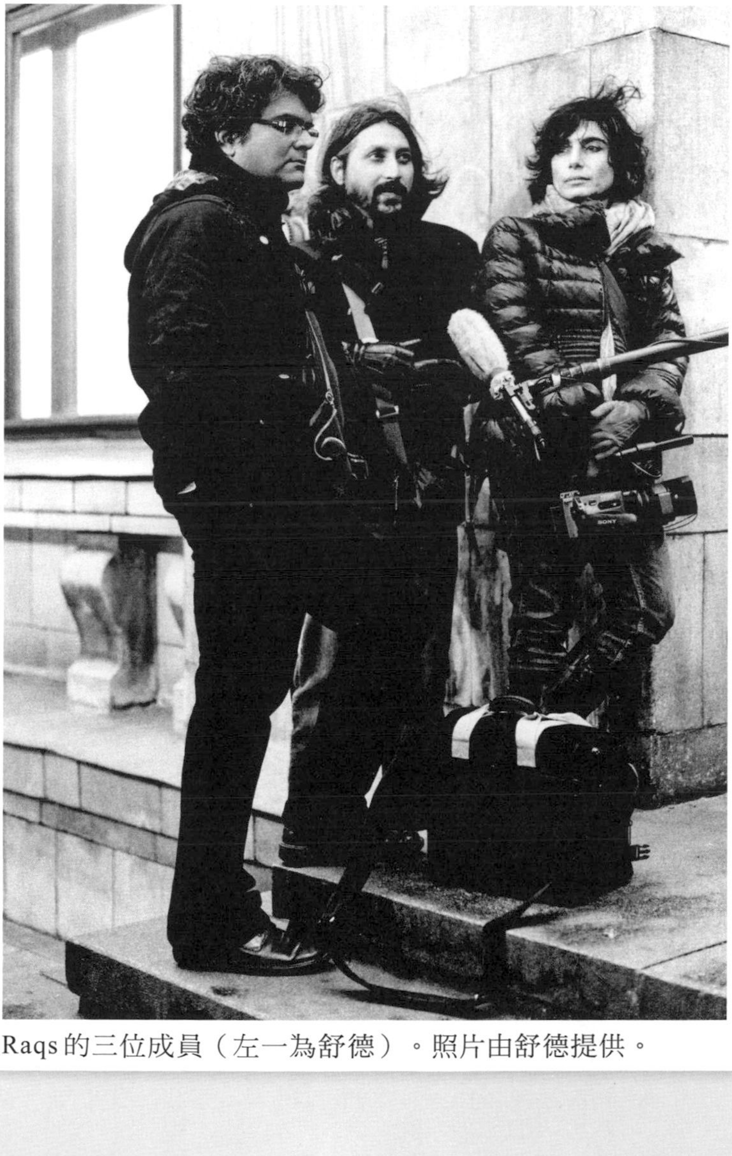

Raqs的三位成員（左一為舒德）。照片由舒德提供。

在印度的藝術界，Raqs 代表著先鋒力量，以及當今印度多媒體藝術的先驅，從它建立至今，一直都在印度當代藝術舞臺上活躍著，**它將攝影、影像和裝置藝術結合**於一身。他們經常挖掘全球化和城市化的主題，他們的家、印度的德里，也經常成為創作主題，他們當然也從印度當地的文化中汲取創作靈感。在Raqs 媒體小組創立的隨後十多年中，他們的藝術實踐方式越來越多樣化了，在媒體歷史和研究、批判、策展，新媒體和數位藝術，攝影和圖像設計，網路和網路文化等之間不斷的嘗試結合。

人們常說，藝術創作的過程是孤獨的，但是，在Raqs 裡，舒德說他並不孤單，幾乎每天都會跟同伴討論，甚至吵架。三個人的興趣愛好完全不同——吉比什學習物理和社會學、莫妮卡學習文學、舒德學習社會學和哲學。但深厚的友誼將他們牢牢凝聚在一起超過二十多年。舒德說：「三個人都是彼此最好和最強而有力的對手，他們激發你的思考，挑戰你、質疑你、給你提出難題，但仍然是愛你的。」三人對很多事情意見不一致，但他們的工作超越了意見一致與否，所有的藝術品都是一起完成的。

藝術前沿的 Raqs 在傳達什麼？

我們一邊吃著來自南印度的海魚「孟買鴨」，一邊聊著他們最新的作品——紐西蘭附近、一個內陸湖上的裝置藝術「more salt in your tears」（直譯：你眼淚中含有更多的鹽），暗指湖水的含鹽量低，雖然在地圖上顯示為海，但含鹽量很低；又表達對全球暖化，致使水平面上升、湖水減少的警醒。

而二〇〇八年，我在廣州報導「廣州三年展」，Raqs小組的作品「向後殖民主義說再見」也參展了，作品的形式是一個桌子上，放著四樣跟殖民主義緊密相連的物品——煙、茶、魚和鴉片。舒德說：「這是殖民時期，殖民者在被殖民國家中，大面積的種植和貿易的產品，它們是殖民主義的產物。」

他們創作一件關於時間和鐘的作品也很有趣。在這件作品中，每一個小時指標，都會指向「憤怒、開心、憂傷」等不同情緒，但同時共有二十七個時鐘，其中有二十四個時鐘，分別代表二十四個不同小時，另外三個時鐘代表著，人們傳說或想像中的鐘。例如：類似於香格里拉和巴別塔等虛構的鐘。對此舒德解釋道：「這個作品表明，即使是同一種情緒，世界上不同的國家的人，都是在不同的時間裡感受到的。」

舒德擁有豐富的海外旅行經驗，也創作不少關於世界和全球化的作品，而現在，他一個月之內要飛往莫斯科、上海、北京、紐約等數多個國家。「我早上在莫斯科醒來，總覺得我還在德里，而我在上海時，夢裡以為自己身在紐約，而今早起床，我恍惚覺得自己還在莫斯科。」二〇一三年五月，他已經在上海開了個人作品展，八月將再去一次中國，而他七月剛從莫斯科回到德里，我才有機會跟他見上一面。

跟很多中國藝術家「牆內開花牆外香」的現象一樣，舒德參加諸多國際藝術展覽，Raqs在國際上非常著名，二〇一二年出版，由英國人史蒂芬·法辛撰寫的《藝術通史》裡也介紹了Raqs。二〇〇二年，Raqs媒體小組，被邀請去參加第十一屆德國卡塞爾文獻展，該展每五年舉辦一次。Raqs還參加二〇〇三年，和二〇〇五年的威尼斯雙年展、利物浦雙年展、廣州三年展等，他們創作的很多作品，都可以在網站上找到。二〇〇四年，Raqs還被授予聯合國教科文組織數位藝術獎。

「中國年輕藝術家的作品缺乏內在的東西」

Raqs位於德里的工作室，為眾多的年輕藝術家提供寬廣的平臺，平時當他們三人都在工作室的時候，也有不少年輕人來這一起工作或者交流，氣氛相當活躍。

舒德現階段花了不少精力做策展，希望給年輕藝術家有更多能展示自己作品的機會。他也覺得策展人，比藝術家的身分更令他喜歡。他說：「策展人的工作更像是召集藝術家、收集作品的工作，它更具有挑戰性，也更有趣。同時我也利用做策展的機會，去學習、了解不知道的新東西。如果一名藝術家具備喜歡挑戰的性格，更容易創新和進步。很多中國藝術家也一樣，他們總是喜歡挑戰，總是透過自己的作品，來跟外界對話和交流。」

舒德曾多次來到中國，也在北京七九八藝術工廠的尤倫斯藝術中心，跟中國年輕藝術家和觀眾交流，此外，介紹其作品的中文書也要出版，他非常激動和高興，打算給自己起個中國名字，並刻成印章來為新書簽名。

其實他對中國年輕藝術家，也有透徹觀察。他說：「**有些中國年輕藝術家，總以為自己知道一切，過於自我保護，也不喜歡旅行，對周遭的世界漠不關心**。不少藝術家家庭非常富有，父母過於保護他們，負擔得起他們搞藝術這件事，所以他們什麼也不知道，也非常脆弱。」他認為在中國，女性比男性更加優秀。由於重男輕女的傳統，女性必須努力抗爭和奮鬥，才能在社會中證明自己，她們總是比同齡的男性知道得多。他在印度，在藝術領域之外，也看到同樣的現象。

他觀察到現在在中國，藝術被認為是一門很重要、很專業的行業，藝術家能賺錢。他說：「印度雖然現在還沒有那麼重視藝術，但是也正在發展中。」藝術家在某些方面，享受更有意思的生活，不用一切從零開始，這有利有弊。作品中看不到足夠的質疑，他們沒有提出很多問題，他們更有自信，技術也更好，但是他們缺乏內在的困擾，這跟中國的現狀是一樣的。他說：「我在中國也看到許多**技術高超的漂亮作品，但是缺**

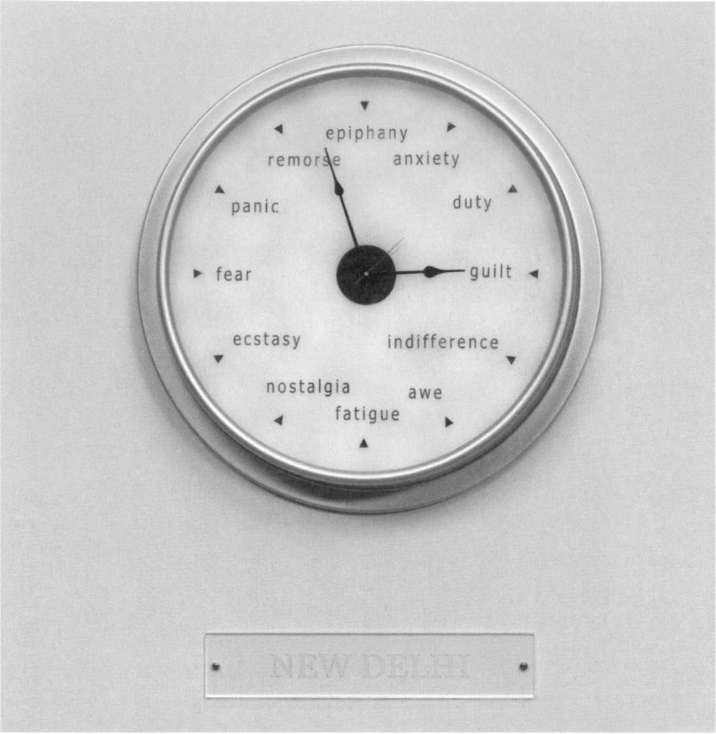

Raqs，〈擒縱輪〉（Escapement）。照片由舒德提供。

Raqs，〈加冕典禮公園〉（Coronation Park ）。照片由舒德提供。

Raqs，〈然而，不和諧〉（However Incongruous）。照片由舒德提供。

Raqs，〈計畫有變〉（There Has Been a Change of Plan）。照片由舒德提供。

乏**一些內在的東西**。我相信，總有一天這些內在的東西會出現。」

我們不需要「汲取」傳統

Raqs不少的創作，從印度當地文化中汲取創作靈感。舒德說，他們從小就讀《摩訶婆羅多》，這樣的印度史詩經典，已經深入印度人的血液和意識，例如：當一個人過度耍小聰明，我們會說不要像「沙恭尼」（Shakuni）。

但他同時也認為，印度藝術家不該沉迷於傳統和文化，不應該老喜歡拿傳統說嘴，「**我們不是汲取，因為我們身上就攜帶著它，而且生活在其中，因此不需要去證明**。在作品中，除非必須，否則沒必要非得跟傳統相關。有些作品需要思考這些傳統的東西，有些則不需要。我也從中國、世界其他國家的文化中，獲得創作靈感。德里是世界的交匯處，我們從這裡看世界。」

談到英國殖民統治對印度的最大影響，他說：「當然是語言，我們並不認為英語是英國的，我們一生下來就學英語，所以一直覺得英語是印度的語言。」他認為，英國對印度的政治體制的巨大影響，就是印度會統一完全是因為英國的殖民統治，在此之前，印度只是一個地理概念，絕非統一的國家概念。而今天的**民主議會制度就是英國殖民的**

遺產，但他覺得，這個制度更適合小國家，而非印度這樣的大國家，這一個制度也帶來自獨立以來，大大小小、各式的獨立現象，例如：巴基斯坦的分離、孟加拉從巴基斯坦獨立出來、還有古吉拉特邦和馬哈拉施特拉邦的分離、以及十年前北阿坎德邦，就跟北方邦分開了。他補充道：「南部的泰倫加納，想從安德拉邦獨立的一幕，更是英殖民制度帶來的最新弊端的案例。」

20・德里樹人

對於「德里樹人」普拉迪普・克里申（Pradip Krishen），我早有耳聞，前往拉賈斯坦邦焦特布爾，參觀他所管的拉奧・焦特布爾**沙漠岩石公園**（Rao Jodhpur desert park）時，我被幸運的告知，居住在德里的他此刻就在焦特布爾。輾轉的約到採訪後，第一眼見到他，我就知道是一個有魅力、有故事的人。

二〇〇六年，普拉迪普受邀擔任岩石公園的主管，這個公園位於梅蘭加爾古堡旁，當時只是一片被火山流紋岩覆蓋的荒野。經過普拉迪普和團隊七年多的努力綠化改造，拉奧・焦特布爾沙漠岩石公園現在已變為擁有三百多種樹木、灌木與草本植物，以及各種蝴蝶、蜥蜴與鳥類等動物棲息的「沙漠綠洲」。該公園於二〇一二年對公眾開放，吸引著越來越多的戶外愛好者前往。普拉迪普正在計畫，將公園打造成岩生植物的戶外博物館。

普拉迪普・克里申在沙漠岩石公園裡種植植物。

在沙漠與深山展現生機

二〇一三年十月的一天，天氣依舊炎熱。當我前去採訪時，普拉迪普正指導工人往一個新修的花壇倒鹽沙，他計畫將公園的停車場改成植物陳列園。他說：「新的想法總會產生，我覺得很有樂趣。」

此外，為了吸引更多的遊客，岩石公園在二〇一三年三月至九月，每個月圓之夜都會舉行露天音樂會。在他看來，樹、公園、音樂和月亮，總是能完美的融合在一起。接下來，他還計畫利用梅蘭加爾古堡的一處走廊，展覽岩石公園中動植物的照片。

普拉迪普對植物有一種熱烈的喜愛。就在一週前，他完成第二部新書《印度中部的叢林之樹》。這緣於他最近的一段經歷：因為**對沙漠裡的樹產生濃郁的興趣**，他去拉賈斯坦邦西部，靠近印度與巴基斯坦交界處，一個不為人所熟知的沙漠裡，收集樹木的種子。收集過程中，他發現當地有一種灌木，沒有人在書本上讀到過它。他決定要開始一個新計畫，給它取一個當地的名字，並讓世界注意到它的存在。此後，他跟兩個朋友花了約一年的時間，幫這種灌木拍照、研究並書寫它。

他自己還有一些夢想著去做的項目。例如想在**海平線八公里以上**的山區，修建一個當地植物園，在裡面種植能適應在高海拔、寒冷環境下的植物；想與當地社區一起合作，教導他們，讓他們**既保護自己村莊的環境，又能賺錢謀生**。現在村民一批批從鄉村遷徙到城市謀生，必須做些事情讓他們留在自己的家鄉。

以環保與綠化為畢生職業

普拉迪普對植物的熱愛，與其童年的經歷有關。他在六、七歲時就隨外派的父親，去了非洲肯亞奈洛比生活，「雖然那時很小，但我對那段時間的記憶很深刻。我總是很喜歡去野外叢林，非洲有很多的叢林。而在叢林裡，我總是會很開心。」從一九九〇年代起，他幾乎從零開始學習植物學，「一旦開始學習，我就知道可以以此為生，餘生跟植物相伴。」他喜歡植物，熱愛這份工作。「我現在六十四歲了，沒有剩多少時間可以工作，在我剩下的生命裡，希望能跟植物們在一起。」

事實上，如果考慮到印度乃至全球多數國家，在環保和綠化上正在經歷的困境，就能明白普拉迪普所做的一切，具有何等珍貴的價值和意義。在一九五〇年代，德里被稱為「花園之城」，綠化做得非常好，可如今隨著城市化發展、人口急劇增長，「花園之城」盛名不再。「德里中央有廣闊的野生森林，被政府保護下來，不允許隨便修建建築。但印度政府並沒有很努力的，去制止森林中的違法建築，往往是像我和朋友這樣的環保主義者，發現有人在森林裡違規搭建建築物，才告知法院，令其拆掉。」近年來，印度各類保護城市森林的環保運動風起雲湧。

普拉迪普表示，對目前印度的環境保護現狀相當擔憂。他說：「問題很大，印度人認為，這些保護自然資源的法律，對經濟發展是障礙，他們覺得要破壞森林，在河流上修建大壩、開發礦產才有利發展，實際上這是錯誤的想法。」

電影人與德里樹

有趣的是，在成為一個環保專家之前，普拉迪普是一名十足的知識分子與文藝青年。他早年受教於英國牛津大學，一九七一年至一九七五年，在印度德里大學教授中國史和日本史，對於這段經歷，他笑著形容「那是很久遠的事情了」。一九七五年，他放棄教書，轉行拍電影，與曾獲布克文學獎的前妻阿蘭達蒂・洛伊（著名的《微物之神》一書的作者，現居住在英國的一位非常重要的印度裔作家、知識分子），合作了三部在國際電影節上獲獎的文藝電影，這些電影講述了英國人和印度人的關係，以及英印文化交融碰撞的故事。

普拉迪普介紹說，他的第一部電影《梅塞・撒伊蔔》（*Massey Sahib*），講述的是一九三〇年代的印度中部，一個小鎮裡一名基督教英軍官員的故事，第二部電影《安妮給的那些》（*In Which Annie Gives It Those Ones*）則是講述德里建築學院，一九七〇年代的校園文化，第三部為英國第四頻道公司拍攝的電影《電力月亮》（*Electric Moon*），故事更加有趣，故事講述印度皇室家族，經營一個在叢林中的酒店，為了迎合西方白人遊客希望看到野生動物的期望，皇室在地上偽造老虎的腳印，找人模仿老虎的叫聲，「整部電影像一部戲劇。」他形容道。

雖然這些電影在業界廣受好評，但票房並不好，不肯向商業化妥協的他，在一九九四年徹底放棄拍電影。

有那麼兩、三年的時間，他無所事事。他試圖讓自己成為一名生態規畫師，並找到印度中部的帕奇瑪律希——一座正打算進行城鎮規畫的兩萬人口小鎮。「我找到當地政府，詢問能不能參與規畫該鎮，他們說可以。」可是兩年後，在當地酒店和政府的齊聲反對下，他的規畫再也進行不下去了。

「雖然浪費了兩年，但我卻樂在其中。」回到德里後，普拉迪普明白，也許自己想做的事情，是沒有他人參與的簡單的事情，他想寫一本關於德里的樹的書。實際上，這個想法在帕奇瑪律希時，就播下了種子。那時，他總是喜歡在叢林裡散步，在野外池塘裡游泳，樂此不疲。於是他開始了解周遭的各種植物，更幸運的是，他在小鎮還認識了博學的植物學朋友，此人成為普拉迪普走進野外植物世界的有力嚮導，讓他更加熱愛叢林的世界。

二〇〇六年，他出版了圖文書《德里的樹》。「我天真的以為只要一年半，就能寫完這本書，但實際上花了六年才完成。時間雖長，但我很享受寫書的過程。」而這本書出版後，他得到機會，讓自己對大自然的夢想，得以在拉奧．焦特布爾公園實現。

21・一位印度攝影師眼中的加爾各答華人

二〇一三年一月，我走訪位於印度西孟加拉邦，聖地尼克坦的國際大學中國學院，那時正舉行「第五屆印度全國中國研究年會」。加爾各答攝影師比喬伊・喬杜里（Bijoy Chowdhury）在這裡，應景的為他的主題攝影展「唐人街」布展。

喬杜里告訴我，作為攝影師的他，對那些即將從人們周遭消逝的生活和文化感到好奇，他的相機鏡頭不由自主的對準它們，其中包含被印度人稱為「Chinapara」的「唐人街」。「二十世紀上半葉，中國移民在加爾各答安定下來，他們一邊保留著自己的中國文化整體性，一邊跟孟加拉邦的生活和文化協調，這兩種文化融合激發我用鏡頭記錄下來。」他這樣向我解釋，自己拍攝「唐人街」的初衷。

而對他更直接的觸動，是一位七十二歲的華人老婦人。「當我在老唐人街蒂瑞塔市場和新唐人街塔壩拍攝時，我發現了莊女士（Ms.Mow Chong）。長達四十年來，她一個人在這兩個地方擺攤，賣中國家常美食，在我看來，她的堅韌勤勞，似乎是對號稱靈活而有精力的年輕一代的嘲諷。我在這兩個地方追蹤拍攝她許久，想切身感受她內在的奮鬥精神。」

拍攝加爾各答唐人街的印度攝影師喬伊．喬杜里。照片由喬伊．喬杜里本人提供。

華人夫婦乘坐加爾各答獨有、至今仍在使用的三輪車。照片由喬伊・喬杜里拍攝。

這裡就是塔壩唐人街。照片由喬伊・喬杜里拍攝。

漸漸的，喬杜里成了新舊唐人街的常客。有一天，他問莊女士：「您一個人這麼大歲數，為何還要出來幹活，沒有家人照顧您嗎？」她對喬杜里袒露心扉，她有三個孩子，大兒子現在在英國當醫生，小兒子和女兒在臺灣。她的丈夫早年經營皮革工廠，後來死於骨癌。丈夫死後，她別無選擇，只好靠賣中國美食，賺錢供子女上學，如今擺攤已不是為了賺錢養家，而是她生活的一種方式。她為成家立業的兒女感到自豪，這也證明，她不肯向生活妥協的努力沒有白費。

莊女士悄悄的告訴喬杜里，她不想跟兒女到臺灣，且不後悔現在單獨生活在這裡，也很滿足於經營自己的小吃生意。「只要我還活著，我會留在加爾各答，直到最後一口氣。」而喬杜里告訴我：「這真是一個關於勤奮與堅韌的故事，這也使得我越來越強烈的感到，要到新舊唐人街捕捉這個，擁有獨特文化並逐漸消逝的華人社區。」

「Li Sang Babu」一個奇怪的組合人名

在喬杜里看來，**加爾各答的兩處唐人街呈現出不同面貌**。蒂瑞塔市場附近的華人社區，相比塔壩的唐人街更加分散，蒂瑞塔市場坐落在加爾各答市中心，市場裡有很多華人商鋪，這裡的華人也跟當地居民混居在一起。但新唐人街則是城中城，華人家庭集中居住於此，它像一個中國文化生活的「避難所」，華人較為集中，也更趨內向和保守。

我很好奇一個印度人，如何看待當地華人跟印度人的關係，喬杜里告訴我，加爾各答的大多數華人來自福建和廣東省，以來自廣東梅縣（今廣東省梅州市）的客家人居多。他們講粵語、印地語和孟加拉語，這裡的華人跟當地人相處和睦。「我知道一個叫李旺桑（音譯）的中國人，他在當地非常受歡迎，大家都叫他『Li Sang Babu』（Babu在孟加拉語中，是指對男士的敬語）。這是一個多麼奇怪的名稱啊！我甚至知道很多華人不會講粵語，只會講印地語、英語和孟加拉語。」

實際上，一九六二年，中印邊境自衛反擊戰爆發之後，**印度政府的排華行為，使得華人在印度的生活並不好過**。這種歷史後遺症仍有餘威，印度華人的人數已經大幅減少，越來越多的人移民到國外。我曾經去過塔壩，在那裡見到的華人，幾乎都有親戚和子女在加拿大，一批年輕華人也正在準備透過留學等途徑，移民到海外。拿著中國護照的製革廠老闆陳炳林夫婦，每年都要去加拿大的女兒和兒子家住上四個月，經常是夏季在涼爽的多倫多，冬季在溫暖的加爾各答，他笑稱自己「像季節性遷徙的候鳥」。

「住在**加爾各答的華人，很少對自己的生活感到滿意**，或許是因為他們別無選擇，但如今很多華人都移民去新加坡、加拿大和臺灣等地區，過上更加舒服的生活。」顯然，喬杜里也注意到這個現象。

拍攝「唐人街」，花費了喬杜里大約六到七年的時間，一方面是因為他並非全職攝影師，但更重要的原因是，「由於華人的生活複雜而敏感，我需要這麼長的時間來拍攝華人社區的節慶、假日、飲食習慣的漸進變化，以及年輕一代的新變化。」

雖然沒有去過中國，但喬杜里對中國充滿嚮往。他覺得，中國跟印度一樣偉大而古老，也在全球化發展熱潮中，努力保留自己的文化和社會和諧，印度和中國的友誼將為世界和平做出貢獻。

「唐人街」攝影展獲得在印華人，以及對中國文化感興趣的印度觀眾的諸多好評，他們不僅從這些照片中看到華人的本質，也發掘到印度對在印華人的影響。喬杜里對這些照片未來的前景非常樂觀。

捕捉即將消逝的

喬杜里畢業於印度加爾各答的藝術與工藝政府學院，學院開設的那門攝影課深深的吸引了他，從大學起，他寄託全部的激情在攝影上。「我發現，攝影是一個能記錄人類生活最珍貴時刻的媒介，它終將為人類的意識和思想創造養分。可以說我的攝影意識，就是從大學開始豐富起來。」對他而言，攝影能夠讓他接觸到不同的人、了解不同的生活方式，也幫助他成為一個更好的人。

畢業後的喬杜里並未做起全職攝影師，而是靠從事設計工作來負擔日常開銷，有空時才攝影。設計工作往往在很大的程度上，受制於顧客的需求，想從事創意工作的願望得不到發揮空間，而攝影給他更多根據自己的想法來創作的自由，相較於設計工作，攝影對他意義更大。「攝影是我的激情所在，而非愛好。我相信任何激情，都是根植於靈魂，不能被任何事情取代，而愛好只是一時興起，本質上更加膚淺。」

除了「唐人街」攝影專題，喬杜里也長時間拍攝，一些即將消逝的印度文化與生活，這包括活躍於西孟加拉邦農村，但生存艱難的一門孟加拉民間藝術——「裝扮成神靈，來賺錢養家」、在磚廠非法工作的童工，以及婚慶和宗教節日，被聘請的音樂劇團樂手等。

他對攝影的熱愛和努力，讓他獲得多項印度和國際攝影獎項。例如：他在印度政府舉辦的攝影比賽中獲得頭獎，兩次在英國「聯邦攝影大獎」中獲獎，還在《國家地理旅遊》雜誌舉辦的「國家地理旅行攝影獎」中獲得三等獎，該雜誌主編評價；「敏銳的攝影能力，捕捉到一個地方的靈魂，符合《國家地理旅行》的經典風格。」他的攝影作品，也在海內外的多個攝影展上展出。

喬杜里告訴我，他最欣賞的攝影大師是印度的拉古・瑞爾（Raghu Rai）和喬蒂・

巴特（Jyoti Bhatt），以及法國現實主義攝影大師亨利・卡蒂埃・布列松（Henri Cartier Bresson）。而他也以這些大師為目標，規畫著未來的拍攝計畫。

目前，喬杜里正在進行的拍攝主題是，那些隨著現代通訊系統的發展，逐漸從人們的房屋前拆除的「信箱」。他還計畫將來前往新加坡的「唐人街」拍攝，並最終前往北京拍攝胡同，進行對比研究。我非常期待這兩組作品的問世，也希望這些即將消逝的東西，能喚起人們的美好記憶。

尾聲

在印度的兩年歲月，因為比中國差的物質條件，和巨大的文化差異，使我整個人都處在一種折騰、不適的狀態中。過來人都跟我說，這段痛苦的經歷會是人生的財富，越是苦的，收穫就越大。

或許是吧，但我私自的認為，這是安慰人的話吧。那種在體力和物質條件上的透支與挑戰，如果不是因為年輕，哪裡熬得過去？我把最美好青春中的兩年，獻給了印度。

離開印度的那幾天，傷感洶湧來襲。雖然我僅是揮手告別一個國家，特別是新德里這座城市，但是彷彿像告別自己的一段生命一般。

有意思的是，在要離開的幾個月前，我發現我對印度的認識，發生了奇怪的改變：我很適應印度郵局（等公共部門）的緩慢和破舊，已經感覺不到初來時，工作人員對我的傲慢和懈怠；我不覺得印度的蔬菜那麼乾癟沒水分，即使社區旁的水果攤上，仍然只是有三、四種平價水果可供選擇（橘子、香蕉、葡萄和木瓜），我也覺得非常滿足了，反而是回國後，在超市裡五花八門的選擇前猶豫不決；餐館裡少得可憐的幾道肉類菜餚，對我來說也不是問題；初到這裡，我覺得奇醜無比、不能被叫做公園的那個社區公園，現在看起來卻也覺得很美、鮮花很多、綠樹也很陰涼……。

剛到新德里國際機場時，覺得新鮮好奇，戴著有色眼鏡的我，會覺得印度男人看我的眼神有異樣。而離開時，我覺得機場裡所有的工作人員，對我都很好、很熱情，很幫我。我不再覺得印度人有那麼討厭和不可理喻。原來真的如佛家所言：看山是山或不是山，都在自己。

初來這個國家，我經歷很多文化衝擊，覺得這個國家怎麼這麼奇怪，這麼不可思議啊！可是待久了之後，我慢慢學會尊重這個國家的現狀、文化和這裡的人們。學者稱，這樣的視角更接近一位人類學家——傾向於偏愛其他社會，偏向於反對自己的社會。人類學家認為，沒有一個社會具有絕對的美德——把我們自己的習俗帶有的自以為、本來就是正確的高傲消除掉。這種高傲的自以為是的感覺，常出現於那些對其他社會的習俗不熟悉的人身上，也常出現在那些對其他社會的習俗，具有片面知識與偏見的人身上。

真的要離開了，有意鈍化此刻的傷感與離愁的我，似乎更擔憂著未來，離開時更強烈的感受到，面對未知和挑戰的惴惴不安。人生總要面對一個又一個的未知，我暗暗告訴自己，不要患得患失，大膽往前走就好，勇敢面對未知和挑戰。

寫完這本書時，自己又惴惴不安。法國作家夏多布里昂和瑪格麗特・尤瑟納爾都篤信，**有些書要過幾十年後才能寫**。

夏多布里昂的理由是：「每一個人身上都拖著一個世界，由他所見過、愛過的一切組成的世界。即使看起來是在另外一個不同的世界裡旅行、生活，他仍然不停的回到他身上，所拖帶著的那個世界去。」他說道：「從此以後，可能把兩個不同的世界之間連結起來。經由預想不到的方式，時間把生命與我自己之間的距離拉長。所以說在我能夠回顧、**省思我以前的經歷之前，必須先經過二十年之久的遺忘期。」**

但又有人說，寫書與年歲沒有必然關係。事實上，在異國的經歷，應當是讓異鄉人得以不斷產生興趣、渴望了解、期待相愛的人或物。又或者恰恰相反——把他們都變成他自己。人憑藉到達渴求之物來完善自我。

或許，正因為我對所到之處的記憶還十分鮮活，像所有敏銳的異鄉人一樣，緊緊抓住了初逢異質文化時的新鮮體驗，所以我迅速把它們記錄下來，與你們分享。

於是，我惴惴不安的寫了這本書，是為了兌現臨行前向自己的許諾，也是為了對得起在印度的這段歲月。我知道從此以後，我的生命裡又多了一個參考座標——印度。

國家圖書館出版品預行編目（CIP）資料

印度神邏輯：快與慢、尊與卑、苦與樂，這裡都有專屬的邏輯。不是遊記，是一段意外改變人生觀的臥底觀察。／塵雪著.
-- 初版. -- 臺北市：任性出版（大是文化），2018.05
288面；17x23公分. --（issue；001）
ISBN 978-957-9164-22-1（平裝）

1.社會生活　2.遊記　3.印度

737.08　　107003091

issue 001

印度神邏輯

快與慢、尊與卑、苦與樂，這裡都有專屬的邏輯。
不是遊記，是一段意外改變人生觀的臥底觀察。

作　　者／塵雪
責任編輯／馬祥芬
校對編輯／林妤柔
副總編輯／顏惠君
總 編 輯／吳依瑋
發 行 人／徐仲秋
會　　計／林妙燕
版權主任／林螢瑄
版權經理／郝麗珍
行銷企畫／汪家緯
業務助理／馬絮盈、林芝縈
業務經理／林裕安
總 經 理／陳絜吾

出 版 者／任性出版有限公司
營運統籌／大是文化有限公司
臺北市100衡陽路7號8樓
編輯部電話：（02）23757911
購書相關諮詢請洽：（02）23757911分機122
24小時讀者服務傳真：（02）23756999
讀者服務E-mail：haom@ms28.hinet.net
郵政劃撥帳號／19983366　戶名／大是文化有限公司

香港發行／里人文化事業有限公司 “Anyone Cultural Enterprise Ltd”
地址：香港新界荃灣橫龍街78號正好工業大廈22樓A室
22/F Block A, Jing Ho Industrial Building, 78 Wang Lung Street,Tsuen Wan, N.T., H.K.
電話：（852）24192288　傳真：（852）24191887

封面設計／林雯瑛　內頁排版／徐莉純
印　　刷／緯峰印刷股份有限公司

出版日期／2018年5月初版
Printed in Taiwan
定　　價／360元（缺頁或裝訂錯誤的書，請寄回更換）
I S B N　978-957-9164-22-1